KB237523

클릭! 나도 부자가 될 수 있다

사이버 공간에서의 특별한 돈벌이에 관하여

클릭! 나도 부자가 될 수 있다

사이몬 안젤로 지음 | 한정은 옮김

큰나무

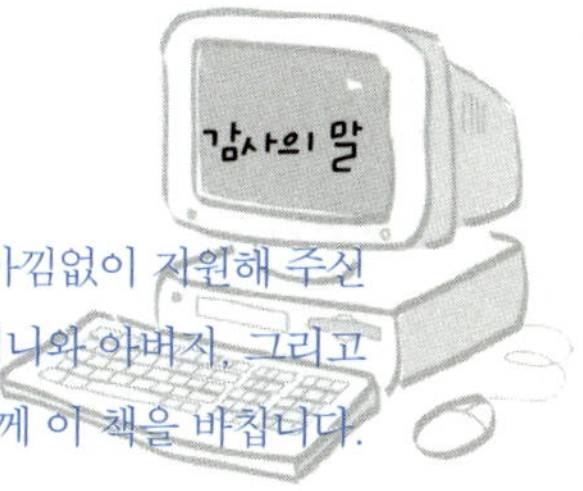

모든 열정의 순간마다 아낌없이 지원해 주신
어머니와 아버지, 그리고
이 세상의 다른 모든 어머니와 아버지들께 이 책을 바칩니다.

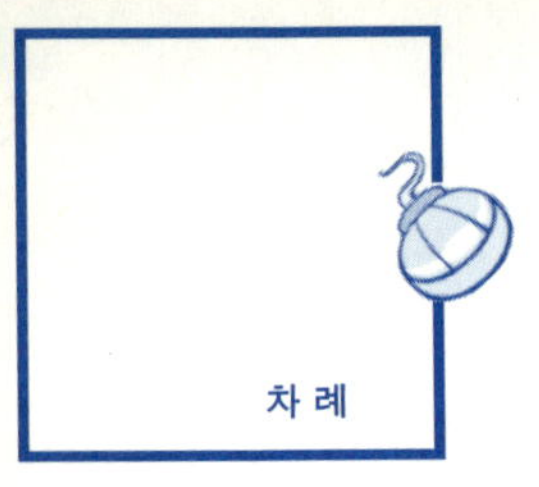

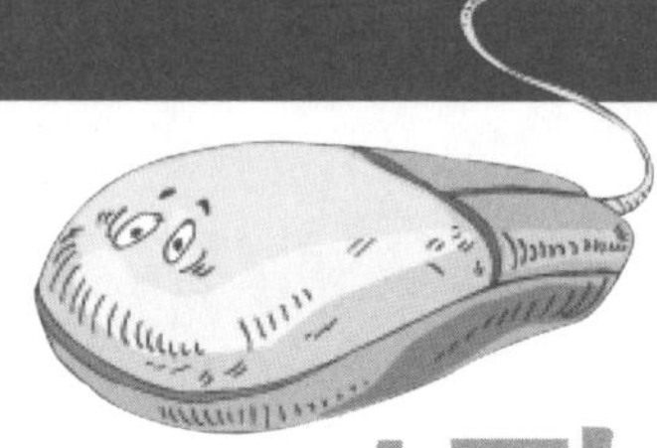

1장

웹 비즈니스란 무엇인가

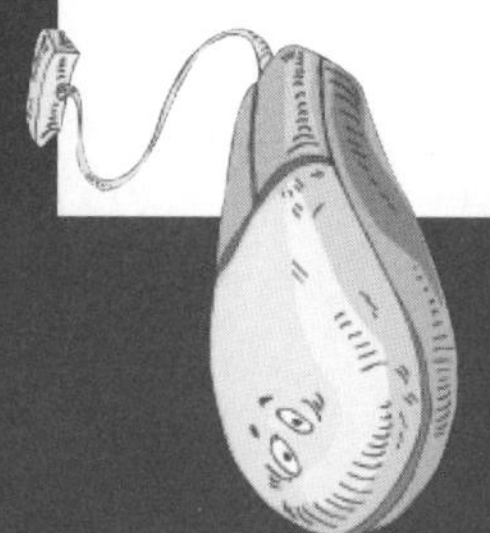

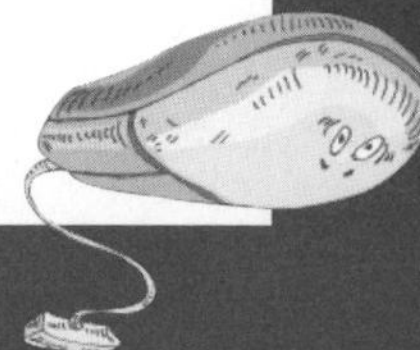

　새로운 사업을 시작한다는 것은 나무를 심는 것과도 같다. 새로운 아이디어라는 씨앗을 심고, 그것이 열매를 맺는 나무로 자라기를 바라기 때문이다. 이 책은 성장에 관한 이야기이며, 돈에 관한 이야기이자 우리의 삶을 바꾸어 놓고 있는 기술에 관한 이야기이다. 그리고 당신에 관한 이야기이다. 더 많은 돈을 벌고 싶다면, 현재의 사무실 비즈니스에서 인터넷 비즈니스로 옮겨 흥미와 기대를 품고 시작하라.

　이 책은 당신을 위한 것이다. 지금 당신이 학자금융자나 담보대출금을 갚아 나가고 있든, 오랫동안 덮어 두었던 꿈을 실현하기 위한 자금을 필요로 하든, 아니면 최고가 되고 싶은 열망에 부풀어 있든, 그 모든 것이 여기에 있다. 이것은 인터넷에서 돈을 벌 수 있다는 말로 귀를 솔깃

하게 만들려는 유인誘引이 아니다. 이것은 초보자를 위한 인터넷 길잡이도 아니고 전문가를 위한 인터넷 전문서도 아니다. 이것은 특별한 꿈을 가진 보통 사람들을 위한 책이다.

웹 비즈니스에서 성공한 사람들을 조사하는 과정에서 나는 놀라운 이야기를 듣게 되었고, 내가 들은 놀라운 이야기들을 다른 사람들에게도 들려주고 싶었다. 이 이야기들은 최고가 되는 길, 가능성을 볼 줄 아는 눈과 불가능해 보이는 것을 깨치고 나올 수 있는 길을 가르쳐 준다.

〈클릭! 나도 부자가 될 수 있다〉에서, 당신은 인터넷이라는 매개를 통해 돈을 번 사람들을 보게 될 것이고, 당신과 전혀 다를 것 없는 그들의 경험에 대해 읽게 될 것이다. 하지만 이 보다 더 중요한 것은 당신도 웹 비즈니스로 성공한 사람들 이야기의 주인공이 되어 가정, 직장 그리고 사회를 새롭게 바꿔 놓을 수 있는 가능성이 있다는 것을 명심하라.

〈클릭! 나도 부자가 될 수 있다〉에 온 것을 환영한다.

먼저, 당신에게 나이가 43살로, 한 여자의 남편이자 두 아이의 아버지인 피터를 소개할까 한다.

우리는 뉴질랜드의 오클랜드 교외 숲 속에 자리 잡고 있는 그의 집으로 달려가고 있었다. 나는 이런 드라이브를 무척 좋아한다. 옥죄는 듯한 콘크리트 건물, 끊임없이 바쁘게 움직이는 자동차들 그리고 귓전을 윙

윙 울리는 도심의 소음이 새들의 지저귐과 나무 사이에서 일어나는 바람으로 바뀌었다.

굽이치는 길은 안개가 드리운 울창한 자연림으로 둘러싸여 마치 도원경桃源境에라도 온 것 같은 착각에 빠졌다. 그때 어디선가 은빛 토끼가 갑자기 튀어나와 지나가는 차에 아랑곳하지 않고 길로 뛰어들어, 나는 황급히 브레이크를 밟아 차를 세워야 했다. 놀란 토끼는 부리나케 굴속으로 도망쳤다. 좁은 길이 굽이를 돌며 이어지고 나는 주의를 기울이며 차를 몰고 갔다.

그림 속을 지나온 것 같은 드라이브가 끝나자 삼나무로 지어진 집이 시야에 들어왔다. 마치 덤불 속에 아늑하게 자리 잡은 둥지 같았다. 피터는 자신의 서재창문으로 우리를 바라보고 있었다.

주말 아침, 그는 아마도 비가 내리지 않는 동안 1층에서 베이컨과 계란으로 식사를 마치고, 신문을 읽으며 우리가 도착할 즈음에는 이메일을 읽고 있었던 듯했다. "음, 집이 참 멋져 보입니다!" 나는 그와 악수를 하며 인사를 나누었다. "불만이 없죠." 그는 싱그레 웃으며 대답했다. "만나서 반갑습니다!" 곧이어 피터의 아내 수잔이 들어와 미소를 지으며 "손님들께 차라도 대접해야 하지 않나요?"라고 말했다. 곧 우리는 서재에 앉아 방 안 정경에 감탄하며 진한 차를 조금씩 마셨다.

"그러니까, 웹 비즈니스에 관심이 있으시다고요?" 그가 물었다. 그는 확실히 편하고 여유가 있어 보였다. "그 일은 도시에서 내가 했던 일보다 훨씬 좋은 것 같아요." 그는 어쨌든 과거에 제법 규모가 큰 회계법인에서 작은 사업부문 책임자로 일한 적이 있었다.

"아내와 저는 매일 아침 출근해야 하는 생활을 그만두어야겠다고 결심하면서 이 곳으로 이사를 왔죠. 전에 살던 곳도 시내에서 그렇게 멀리 떨어져 있지는 않았지만, 아침마다 30분을 가야 했어요. 6시에 일어나서 7시에 회사에 도착하고 저녁 7시가 되어서야 집으로 돌아왔죠. 월요일부터 금요일까지 늘 똑같은 생활이었는데, 더구나 바쁠 때는 주말도 없었어요. 아이들을 볼 시간도 거의 없었죠. 회사에서는 인정받았고 돈도 꽤나 벌었지만, 한 가족으로서 우리는 힘들어 하고 있었어요."

나는 피터에게 회사에 다닐 때 자신의 일을 즐기면서 한 적이 있는지 물었다. "그것은 도전적인 일이었고 나는 팀을 이루어 일하는 것을 좋아했지만, 회계업무가 내가 정말로 하고 싶었던 일이었다고는 생각하지 않아요. 하지만 지금 이 곳은 정말 마음에 듭니다. 마치 천국 같은 곳이죠." 피터가 말하는 이 곳은 멀리 바다가 바라다 보이고 아름다운 경치뿐 아니라, 웹 사이트를 통해 전세계로 판매되고 있는 뉴질랜드 여행 프로그램을 뜻했다.

"오셔서 제 가게를 한번 보세요." 피터는 자신의 운명을 창조해 낸 남자에게서 볼 수 있는 자신감이 가득 찬 눈으로 말했다. 그는 컴퓨터 모니터를 가리키는 몸짓으로 "바로 이 순간에 세계 곳곳에서 500명의 사람들이 제 가게를 둘러보고 있습니다."라고 말했다.

그의 상기된 표정은 금새 방 안 전체를 물들였지만, 때로는 그의 흥분을 온전히 따라잡기가 어려웠다. "가게라는 말은 당신의 웹 사이트를 말하는 거죠?" 나는 물었다. "네, 그래요." 그는 조바심이 나는 듯 말했다. "여기가 가게 쇼룸이죠."

그 곳에는 뉴질랜드 곳곳을 탐험하는 흥미진진한 그림들과 표제어 그리고 소개글들이 모니터를 가득 채우고 있다. 피터의 사진도 있는데, 마우스로 사진을 클릭하면 이런 녹음이 흘러나온다.

"안녕하세요, 저는 피터입니다. 제 사이트에 오신 것을 환영합니다! 현재의 안락한 자리를 벗어나 야생의 꿈과 환타지로 가득한 곳에서 휴가를 보내는 꿈을 꾸어 본 적이 있으세요? 새로운 활기와 재충전의 시간 말입니다. 저는 이 아름다운 나라를 사랑합니다. 그래서 저는 여러분이 뉴질랜드를 가장 멋지게 탐험할 수 있도록 해 줄 최고의 팀을 만들었습니다. 지금 저희가 마련한 휴가 프로그램을 예약하세요. 최고의 가격에 최고의 서비스로 결코 잊지 못할 추억을 만들 수 있게 될 것입니다!"

다시 클릭하면 제트보트를 타는 장면과 최고급 호텔의 객실 사진들이 화면을 가득 채운다. 그의 온라인 쇼룸은 보는 이로 하여금 당장 그 자리에서 어떤 휴가를 보낼지 선택하지 않고는 못 배길 만큼 다채롭다.

"이 사이트를 가지고 어떻게 돈을 버는 거죠?" 나는 물었다.

"네, 무엇보다 저는 모험여행을 정말 좋아해요. 둘째, 여행 프로그램을 계획하는 최고의 전문가들과 이윤을 배분하죠. 셋째, 세계 어느 곳에서라도 저를 찾을 수 있는 사이트를 운영합니다. 넷째, 이 세상 모든 사람들이 만족해 할 만한 프로그램을 내놓습니다. 다섯째, 저는 방문객들에게 이 사이트에서 카드로 예약금을 결제하고 예약하는 것이 매우 안전하다는 확신을 줍니다. 그래서 현재 단골 고객들이 많죠. 예약금이 거의 제가 받는 수수료이기 때문에, 저는 제 몫을 미리 받는 셈이죠.

매일 모험여행 장소를 예약하는 것이 저의 일과입니다. 저는 모든 것을 직접 챙깁니다. 이 곳에서 일하지 않을 때는 밖에 나가서 뉴질랜드에서 휴가를 멋지게 보낼 수 있는 새로운 곳을 찾아다닙니다……."

나는 그의 말에 끼여들었다. "자신의 웹 비즈니스를 개발하고 싶어하는 사람에게 해 주고 싶은 말씀이 있다면요?" 피터는 잠시 생각했다. "자신이 좋아하는 것으로부터 웹 비즈니스를 개발하라고 말하고 싶습니다. 그리고 최고만을 윈도우에 진열해야 합니다. 즉 웹 사이트에다가 신뢰할 수 있고 질 좋은 자신만의 상품을 내놓는다는 뜻입니다. '신용 있는 가게'가 어떤 것인지 그 가치를 맛보게 될 것입니다.

결과적으로, 사람들로 하여금 당신의 사이트를 방문하여 둘러보게 만들고, 당신은 그들이 원하는 것을 만족시키게 될 것입니다. 전세계적으로 인터넷 사용자가 10억이 넘는다는 사실을 기억해야 합니다. 그들 대부분은 평균 이상의 소득계층이죠. 그들이 바로 당신의 시장입니다!"

피터처럼 사이버 공간에서 자신의 일을 발견하는 사람들이 수도 없이 많다. 그들 대부분은 열정, 흥분 그리고 미래에 대한 희망으로 가득 차 있다. 그들은 사업가들이다.

혁신과 새로운 비즈니스에 관한 글을 주로 쓰는 작가들의 모임인 Legge & Hindle은 기업가 정신을 다음과 같이 정의한다. '자신이 개인적으로 획득할 수 있는 것 이상의 가치를 창조하고자 하는 의식적인 결심으로, 한 개인이 얼마나 잘 해내는가와 관계없이 전체적으로 더 나은 세상이 되게 만드는 것.'

나는 이 책을 집필하는 과정에서 '.com' 기업가들(나는 그들을 '넷 기업가'라고도 부른다)을 무수히 인터뷰했고, 그들로 하여금 이 위대한 시장을 개척하도록 만든 자연스러운 동기는 바로 흥미와 관심이었다는 것을 알 수 있었다. 그리고 이처럼 그들의 모험적인 기업정신을 통해 세상은 더 살기 좋은 곳이 되어 왔다.

나의 웹 비즈니스는 성공과 실패를 거듭했지만, 다른 수많은 사람들이 짧은 시간 내에 온라인에서 자신의 일을 개발하는 모습을 보고 싶었다. 이유는 나에게 커다란 만족과 희망을 가져다주기 때문이다. 대부분의 사람들은 여행을 하다 절정에 이를 무렵, 경치를 자세히 조망하느라 놓치고 지나왔던 무엇인가를 보게 된다. '도로표지판, 방향 그리고 다른 곳으로 통하는 좁다란 길들을.' 이것이 바로 내가 이 책에서 말하고자 하는 또다른 내용이다.

현재 웹 사이트에서 이윤을 창출하고 있는 사람들의 경험을 통해, 웹에서 자신의 일을 찾고자 하는 사람들에게 한걸음 한걸음을 어떻게 내디뎌야 하는지 비결을 보여 주고자 이 책을 쓰게 되었다. 이 책에서 만약 모호한 부추기는 말들과 젠체하는 태도 혹은 하루아침에 부자가 될 수 있는 묘수 같은 것을 찾는다면, 당신은 결코 원하는 것을 찾을 수 없을 것이다. 실제 삶에 근거한 이야기들을 통해, 눈에 보이고 이해되는 대로 웹 비즈니스에서 성공하는 방법을 보여 주고자 하는 것이 내가 이 책을 쓴 목적이다.

지식경제 속에서 새로운 사업의 기회를 찾기 위해 항상 마음에 품고 있어야 할 것은 성공, 학교 그리고 그 어떤 책보다도 훌륭한 선생님은 바로 '실패' 라는 것이다. 그리고 때가 왔을 때 흔들림 없는 단호한 태도로 기회를 잡아야 한다.

조사를 하면서, 나는 인터넷 성공 이야기의 주인공들이 공통적으로 삶에 대해 가지는 이러한 태도를 거듭 볼 수 있었다. 내가 이 책에서 그들의 이야기를 싣게 된 것도 바로 이런 이유에서이다. 우리는 다른 사람

   Click & Grow Rich

들로부터 배우고, 사람에 의해 더 훌륭한 사람으로 다듬어진다. 이런 단련을 통해 새로운 기회를 이용할 준비를 하게 된다.

나는 실제로 직장에 다닌 적은 없지만, 항상 경제적으로 부족하지 않은 생활을 해 왔다. 여러 종류의 사업을 시도하여, 때로는 실패에 부딪히기도 했고, 때로는 적지 않은 이윤을 얻기도 했다. 현재의 일이 잘 되든 그렇지 않든 그것은 중요하지 않다. 중요한 것은 당신에게 기회가 있고 무엇인가를 배우고, 많은 새로운 사람들을 알게 된다는 것, 그리고 어쩌면 이를 통해 한 인간으로 성숙해 왔다는 것이다. 좋은 날이 어떤 것인지 알려면 그 전에 정말 힘겨운 날을 겪어 보아야 한다.

1999년 나는 처음으로 웹 비즈니스를 시작했다. 시작한지 1년 만에 나 자신에게서 흥미, 열정, 특별한 재능 또는 더 많은 돈을 벌고 싶은 바람 그리고 사이버 공간에서 사업을 하고자 하는 엄청난 소망을 가지고 있다는 것을 깨달았다. 당신이 기민하게 움직이고 제대로 기회가 찾아와 준다면, 성공은 따라올 것이다.

사이버 공간은 세계에서 가장 빠른 속도로 성장하는 세계적인 시장 가운데 하나이며, 당신은 그 일부가 되어야 한다. '성공으로 가는 길 Road Ahead'에서 빌 게이츠는 사람들이 자신이 선택한 곳에서 일하고, 인터넷을 통해 전세계의 고객과 빠른 속도로 연락하는 새로운 세계에 대해 말하고 있다. 인터넷은 궁극적으로 지금 우리가 알고 있듯이 변모

된 세상, 방금 전까지도 사무실의 일부로 자리 잡았던 시스템이 이제 낡은 것이 되어 과거의 일부가 되어 버리는 세상을 만들어 낼 것이다.

1973년 여름, 작은 피자 가게에서 등이 쑤실 정도로 열심히 피자를 배달하던 세 명의 소년이 있었다. 그 당시 그들은 아무리 궁리를 해 보아도 피자 배달말고는 대학 등록금을 벌 방법이 생각나질 않았다. (하지만 지금 누군가 식어 버린 피자를 배달하러 이 집 저 집 문을 두드리는 일을 하려고 한다면 권하고 싶지는 않다.) 세 명의 소년들은 새로운 도시, 새로운 삶 그리고 대학 등록금을 마련하기 위해 안간힘을 썼다. 그것은 하나의 시작이었다.

지금 회상해 보면 그때 우리는 젊은 패기와 서로에 대한 신뢰로 넘쳐 있었고, 돈버는 재미에 고무되어 있었다. 그것은 머지않아 수확할 꿈을 키우던 시간이었다.

4년 뒤, 나는 피자 배달과 광고용 전단 뿌리기 등의 아르바이트와 친한 친구들의 도움으로 대학에 입학했다. 이것은 내가 집을 떠나서 학위를 얻고 다소나마 독립적인 존재로 자리 잡았다는 것을 뜻했다. 18살에 나는 가족이라는 성역을 나와 세상으로 들어가는 강을 건넜고, 그 이후 뒤를 돌아보지 않았다.

생활비와 등록금을 마련하기 위해 대출을 받는다든가, 부모님으로부터 도움을 받는다든가 혹은 정부의 학자금 지원을 받는다든가 하는 일은 없었다. 나는 스스로 생활비를 마련하기 위해 파트타임으로 조그마한 사업을 운영했다. 열심히 공부하고 일하던 그 시간은 나에게 큰 의미가 있는 때였다. 나는 빚을 지기는커녕 오히려 미래를 향한 기업정신이라는 자산을 마음속에 품고 대학을 졸업했다. 그래서 열심히 공부하고 일하던 그 시간들이 결코 고달프지 않았다.

나는 돈을 벌 수 있는 갖가지 아이디어를 생각해 내고 도전하는 것이 즐거웠고, 그 과정에서 평생 동안 함께 할 수 있는 친구들을 사귀었다. 첫 해에는 몇 과목을 낙제했는데, 이때부터 나는 즐겁게 공부할 수 있는 과목을 선택하는 데 주의를 기울였고, 그런대로 괜찮은 성적을 얻었다.

대학을 졸업한 후, 대학 친구 지미와 팀을 만들었는데, 그는 뉴질랜드 발명대회에 출전하려는 계획을 갖고 있었다. 하지만 얼마 후, 지미는 가업을 잇기 위해 팀을 떠나야 했다. 나는 새로운 아이디어 새 상품 전시회와 발명 엑스포를 기획했다. 이 전시회를 위해 100여 개의 전시부스를 만들었고, 수천 명의 사람들이 찾아 들었으며, 주요 TV와 라디오 방송을 통해 전시회 광고가 나갔다. 이 가운데는 고대의 모아새(한때 숲의 왕자라 불리었던 타조와 비슷하게 생긴 새)를 실물 크기로 만든 로봇 모형과 등에 메고 사용할 수 있는 컴퓨터 워크스테이션, 휴대용 발전기, 비행접시 그리고 보통 크기의 자동차 운반용 트레일러로 운반할 수 있는 비행기 등 특이한 전시상품들도 있었다.

새롭고 획기적이면서도 별나기까지 한 전시품들을 보기 위해 많은 사람들이 전시장을 찾았다. 거대한 모아새를 실제로 살아 있는 것으로 생각하고 혼비백산한 일본인 관광객도 있었다. 전시회가 보여 줄 수 있는 모든 것이 그 곳에 있었다. 매스컴에서는 우리가 기획한 이벤트를 '놀라움에 말문이 막힌 채 눈을 뗄 줄 모르는 관객들' 이라고 보도했다.

이 전시회는 재정적인 성공을 거두지는 못했다. 돈을 벌기는 했지만, 엄청나게 투자한 시간과 노력, 감내해야 했던 위험에 비하면 만족스러운 결과는 아니었다. 그런 이벤트를 기획하기 위해 어떤 대가가 요구되는지 지켜보았던 주변의 사람들은 "전시회는 성공적이었지만 네가 그토록 노력을 쏟아 부을 만한 가치가 있었는가?"라고 물었다.

어쨌든, 나는 그해 엑스포 참가업체를 물색하느라 1년을 길에서 보냈다. 업체를 찾아가서 협상에 실패할 때면 10대 시절 피자를 팔고 배달하던 때 발휘했던 세일즈맨으로서의 능력을 상실한 것은 아닐까 하는 생각에 애가 탔다. 그것은 젊음의 순수와 열정이 무너지는 것 같은 기분이었다.

돌이켜 보면, 전시회를 기획하고 개최한 경험은 하나의 성취이자 배움의 과정이었다. 잠을 설쳐야 했고 면도를 할 새도 없었지만, 비즈니스, 사람 그리고 시간의 귀중함에 대해 배웠다. 하루 종일 뛰어 다니고도 아무런 성과 없이 저녁이 되면 집으로 돌아오는 것이 어떤 기분인지도 알게 되었다. 제품을 판매한다든가 새로운 사업을 시작하는 사람이 된다는 것은 외롭고, 늘 가파른 길을 숨 가쁘게 올라가는 것과 같다. 하지만 이렇게 힘든 나날들 속에서도 친구들을 사귈 수 있었고, 무엇보다도 나는 나 자신의 실패를 웃어 넘기는 법을 배웠다.

엑스포 마지막 날, 그동안의 온갖 노력에도 불구하고 재정적으로는 큰 성공을 거두지 못했다는 사실을 알았을 때, 나는 다만 웃을 수밖에 없었다. 그후 오랜 시간이 흐른 뒤에도 나는 그렇게 스스럼없이 웃어 본 적이 없다. 부자가 된다는 것은 돈과 상관이 없다는 것을 그때 알았다.

90년대 말, 많은 X세대들과 마찬가지로 나는 인터넷의 도래에 관심을 가졌다. 인터넷은 제품을 만들고 판매하던 기존의 시장에서 보다 빠르고 용이하며 더 많은 이윤을 가져다 줄 엄청난 잠재력을 지닌 매개체였다. 나는 처음으로 웹 비즈니스의 문을 두드렸고, 그것은 오늘날 세계 곳곳의 고객을 상대로 하는 컨설팅 사이트로 변모했다. 미국의 기업에서부터 종교단체에 이르기까지 우리는 다양한 분야에서 필요한 조언을 해 주고 있다. 웹 사이트 시장에 대해 배우고, '넷 기업가'들을 만나고, 온라인에서 번 돈으로 처음 내 집을 마련하는 과정에서 나는 웹 속에는 다른 사람들을 위한 공간이 얼마든지 있다는 것을 깨달았다.

내게는 샐러리맨 친구들이 많다. 하지만 나는 실제로 상근직을 가져 본 경험이 없었기 때문에 가끔 그것이 주는 안정감이 부럽기도 했다. 어느 날 점심시간에 회계사로 일하고 있는 대학 동창 조지를 만난 적이 있었다. "직장에서 일하는 게 어떤 건가? 나는 그런 경험이 없으니 말이야." 나는 그에게 물었다. "글쎄, 그건 이런 거야." 그는 말했다. "일찍 일어나서 일터로 달려가는 것이고, 다른 사람들과 경쟁하며 하루 종일 일하는 거지. 또 상사에게 잘 보이기 위해 굽실거려야 한다네. 일은 따분하고 재미없어. 그리고 다음날 눈을 뜨면 어제와 같은 하루가 다시 시작되지."

그리고 몇 달이 지난 후, 자신의 생일파티에서 조지는 친구들과 회사 동료들에게 깜짝 놀랄 만한 발표를 했다. 스스로 사업을 하고 싶은 꿈을 위해 지금의 직장을 그만두기로 했다는 것이다. 나는 괜찮은 보수가 주어지는 직장을 그만둔 조지의 용기에 찬사를 보냈고, 그 이후 우리는 정기적으로 만나 함께 점심을 먹으며 사업에 대한 이런저런 이야기를 했다. 그는 지금 런던에서 자신을 꿈을 좇고 있다.

이 책은 실제로 세 가지 부류의 사람들을 위한 것이다. 첫째는 나, 지미, 조지 그리고 자신의 사업을 하고 싶어하는 수없이 많은 사람들을 위한 것이고, 둘째는 이미 '벽돌&시멘트' (2장 29쪽 참조) 속에서 사업을 운영해 왔지만 웹 사이트에서 자신의 사업체를 갖고 싶어하는 사람들을 위한 것이다. 또 낮에 직장에 다니고 있지만 부수입을 통해 앞으로 자신의 여가 생활, 배움 등 삶의 방식을 위해 장기적으로 무엇인가를 이룩하고자 하는 사람들을 위한 것이다.

　지금 나는 재미, 실패, 희망 그리고 꿈의 세계로 함께 떠나는 여행에 나와 동행이 되어 줄 것을 당신에게 요청한다. 세계에서 가장 새롭고 빠르게 성장하는 시장 속으로 함께 떠날 것을. 따라서 나는 당신에게 웹 사이트에서 자신들의 성공 스토리를 만들어 가고 있는 사람들을 소개해 주고자 한다.

　또 이미 웹 비즈니스를 운영하고 있다면, 당신에게 새로운 접근법과 더 많은 돈을 벌 수 있도록 도와 줄 한두 가지 비결을 보여 주고자 한다. 그리고 무엇보다도 지금까지 인생에서 어떤 길을 걸어왔든, 이 책을 통해 즐거움, 정보 그리고 깨우침을 얻는 길을 찾기를 희망한다.

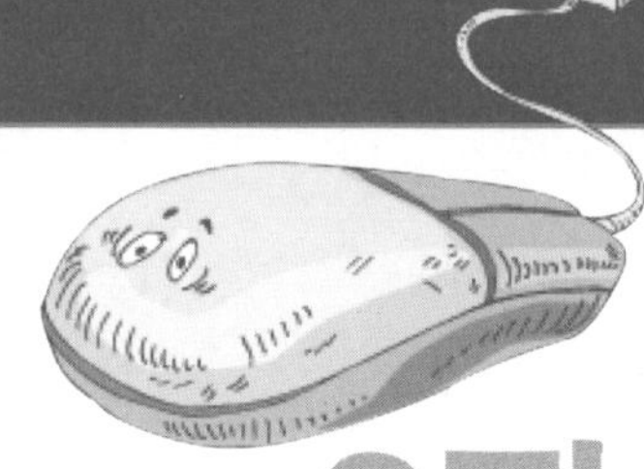

2장

아이디어, 그것을 클릭하라

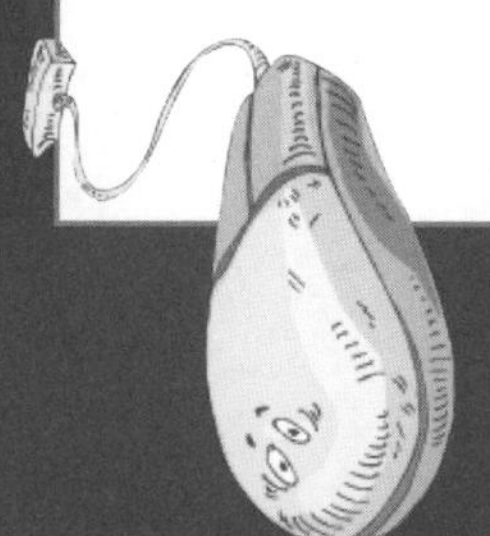

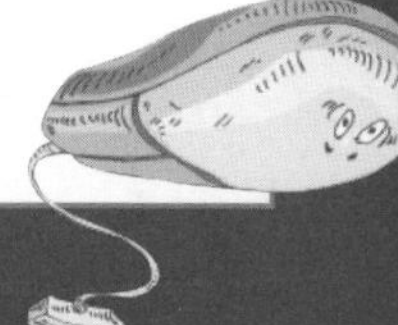

오늘 따라 시드니 항구는 적도에 있는 섬처럼 따사로우며, 빛으로 반짝이고 거리는 많은 사람들로 분주했다. 이 곳에 살고 있는 리즈는 젊었을 때부터 패션 분야에서 일하다가 언젠가 자신의 가게를 갖고 싶다는 꿈을 가지고 있었다.

오늘 운 좋게도 우리는 가게 바로 앞에 차를 주차할 수 있는 공간을 찾았다. 가게에 들어섰을 때, 첫눈에 그리 넓은 가게가 아니라는 생각이 들었다. 가게 넓이만을 생각한다면 그렇지만, 비즈니스 규모 면에서 본다면 완전히 틀린 생각이었다. 가게 앞쪽에는 조그마한 쇼윈도가 있었고, 쇼윈도 안의 장식은 현대적이었다. 그러나 우리가 가게 안으로 들어섰을 때 손님은 한 명도 눈에 띄지 않았다. 카운터에 있던 날씬한 몸매의 젊은 조수가 "안녕하세요."라고 인사를 했다. 나는 "리즈와 얘기를 할 수 없을까요?"라고 물은 뒤 가게를 둘러보았다. 가게 안쪽의 컴퓨터 앞에 앉아 있는 사람이 그녀라는 것을 알 수 있었다. 그리고 또 다른 컴퓨터 앞에 자주색 머리를 한 젊은이가 앉아 있었고, 몇몇 젊은 사람들은 상자를 포장하고 있었다. 물품운반용 카트가 가게 뒤편에서 바퀴가 달린 문을 밀고 들어오더니, 금방 상자더미들이 쌓였다.

"네, 이게 제 가게예요." 리즈가 우리를 보며 말했다. "저는 대부분의 시간을 저 앞쪽에서보다는 여기 뒤쪽에서 보냅니다." 그녀는 우리가 들어왔던 가게 출입구를 가리켰다. "구찌, 샤넬, 프라다, 루이뷔똥, 아르마니 제품들을 인터넷을 통해 전세계로 팔고 있죠. 런던, 뉴욕, 토론토, 오클랜드, 시드니 등지로 말이에요."

리즈는 바빴다. 크리스마스가 다가오면서 엄청난 주문서들이 날아들고 있었기 때문이었다. 그녀는 자신의 비즈니스를 '벽돌&시멘트' 기업으로 발전시켰고, 여기에 3차원의 공간을 더하여 이를 통해 세계시장 속에서 엄청난 이윤을 창출해 냈다. 우리는 리즈의 가게를 나와 카페로 들어갔다. 그 곳에서 우리는 현대 비즈니스의 3차원 공간에 대해 이야기를 나누었다.

새로운 인터넷 시대에는 세 가지 주요한 비즈니스 유형이 있다. 그 첫 번째가 '클릭만으로(　　　)' 모델로 웹 사이트에서 물품을 쇼핑하고 구입하는 것이다. 두 번째 '벽돌&클릭(&   )' 모델로 인터넷 쇼핑을 통해 물건을 찾아보고 주문해서 그 곳의 매장으로 방문해 물건을 사 오는 것이다. 세 번째 '벽돌&시멘트(&   )' 모델은 우리가 지금까지 생활에 온 방식으로 주변의 대형 쇼핑몰이나 시장으로 가서 직접 물건을 고르고 체크해 사 오는 것이다.

예를 들면, 지금 우리가 앉아 있는 매끄러운 나무와 스테인리스 스틸로 둘러싸인 이 카페는 '벽돌&시멘트(&   )' 형 비즈니스이다. 여기가 어떤 곳인지 짐작할지도 모르겠다. 몇 가지 중요한 차이를 말하자면 이렇다.

이 카페에서는 고객이 앞문으로 들어와 카운터에서 주문을 하면서 독특한 비즈니스가 시작된다. 종업원은 한 번에 오직 한 명의 고객만을 위해 봉사하며, 당신이 소파에 편안하게 앉아 커피를 마시고, 음식을 먹으며, 이야기를 나누거나 주변을 지켜보며 느긋하게 쉴 때, 궁극적인 가치가 창조된다. 이 카페는 전통적인 비즈니스 영역에 속하며, 비즈니스 모델로 본다면 이 곳은 2차원적이다. 한 번에 오직 한 명의 고객만이 봉사를 받을 수 있으며, 고객은 자신만을 위해 제공되는 가치를 누리기 위해 그 곳에 있는 것이다.

"이 비즈니스의 최대용량은 얼마나 됩니까?" 내가 물었다. 카페를 둘러봤지만 그다지 크지는 않았다. 넓은 창문으로 가게가 늘어서 있는 길을 따라 나무들이 햇빛에 반짝이며 줄지어 있었고, 행인들이 정오의 햇살 속을 오가는 모습이 눈에 들어왔다. 모두 약 20개 정도의 탁자가 놓여 있는데, 15개는 실내에 5개는 바깥쪽에 있었다. 탁자에 평균 두 사람 정도의 손님이 앉아 있었다. 그럼, 20개에 두 명씩이니까, 한 번에 약 40명의 손님이 앉을 수 있다. 이것을 기억해 두고, 3차원 공간을 들여다보자.

이 카페에서는 시드니에서 가장 질 좋은 유기농 원두를 판매하고 있다. 또 시드니의 삶을 묘사한 독특한 예술품들이 전시되어 있는데, 모두 이 곳에서 이름이 잘 알려진 예술가들의 작품으로 손님이 원하면 판매도 한다. 카페와 어울리는 고객과 주인의 정확한 직관直觀, 이것이 바로 매일 카페를 가득 채우는 현지 주민들과 관광객들의 마음을 사로잡는 매력이다.

이제 우리는 '벽돌&클릭(&   )'에 관한 얘기를 나누려 한다.

당신이 이 카페 주인이라고 상상해 보라. 주방장 지오반니가 솜씨를 발휘한 특별 메뉴, 독특한 커피 맛, 진짜 커피에 자부심을 느낀다. 전시된 그림들은 시드니를 제대로 볼 줄 아는 특별한 눈을 가진 지인知人들의 작품이다. 여기에서 당신은 3차원으로 가지고 들어갈 수 있는 두 가지 귀중한 사업 설명서를 손에 쥐게 된다. 즉 유기농 원두와 예술작품을 웹 사이트에서 판매하는 것이다.

　이 곳을 찾는 단골 고객들과 관광객들에게 널리 알려진 기존의 브랜드 이름과 연계시켜 언제 어디서든 주문서를 보낼 수 있게 하는 것이다. 그들은 앞문으로 들어와서 주문을 하기 위해 자리에 앉을 필요가 없다.

　이제 우리는 실제로 벽돌과 시멘트로 된 기존의 비즈니스에서 벗어나, 3차원 시장을 가져다 준 웹 사이트 주문서를 받아 들었다. '벽돌&클릭' 영역은 실제 시장의 관점에서 3차원을 바라보는 것으로, 가치연쇄반응의 자동화 같은 새로운 기회를 가져다주고 있다.

　이에 대해서는 다음에 더 설명하기로 하고, 지금은 정보화 시대의 세 가지 비즈니스 유형에 관해 살펴보는 것이 중요하다.

　첫째 '벽돌&시멘트(2차원,　　　　&　　　　)' 유형과 둘째 '벽돌&클릭(　　(2차원) &　　(3차원))' 유형, 셋째 '클릭만으로(3차원,　　)' 유형이 있다.

　이 책은 이 세 가지 유형 중, 3차원 모델이 가능한 둘째, 셋째 유형과 관련하여 웹 사이트에서 급속하게 성장하고 있는 거대한 시장을 깨닫고 투자하는 문제에 관한 내용이다. 사이버 공간에서 더 많은 이윤을 만들어 내고자 한다면 3차원 비즈니스 모델 개발에 초점을 맞추어야 한다. 우리가 살펴보았던 리즈의 의류사업과 카페는 '벽돌&클릭' 형태의 기업을 제시하고 있다. 인터넷 주문서를 처리하기 위해, 당신은 물리적인 비즈니스와 웹 비즈니스를 겸할 것인지 아니면 웹 비즈니스에만 몰두할 것인지 생각해야 한다. 이미 물리적인 비즈니스를 하고 있다면 여기에 3차원을 더하는 것에 관해 고려해야 한다. 오늘날 성공적인 인터넷 기업들은 기존의 오프라인 경영에 온라인 경영을 더한 형태를 띠고 있다. 웹 비즈니스 아이디어를 얻기 위해 당신이 필요로 할 것이라는 생각에서 나의 비결을 당신에게 말해 주겠지만, 그보다 먼저 '클릭만으로'를 살펴볼 필요가 있다.

시드니의 한적한 교외에 살고 있는 필은 기술자이고, 그의 아내 클레어는 로펌에서 비서로 일하고 있다. 대부분의 부부관계가 그렇듯이 이들 부부도 이런 저런 우여곡절이 있었고, 두 사람의 의견 차이가 점점 커지면서 1년 전부터는 상황이 더욱 나빠졌다. 대출을 받아 마련한 집이 필에게는 상당한 부담이었고, 두 사람은 서로 양립할 수 없는 목표를 가지고 있었다.

클레어는 가족을 원했다. 그것은 필도 마찬가지였지만 지금은, 아니 아직은 아니었다. 그는 일단 아이가 생기면 경주용 차를 갖고 싶은 자신의 꿈을 접어야 한다는 것을 알고 있었다. 경주용 차를 갖고 싶은 필의 꿈과 가족을 이루고 싶은 클레어의 꿈에서, 문제는 돈이었다. 들어가야 할 돈은 많고 수중에 들어오는 돈은 충분치 않은 이런 상황은 어디에서나 듣는 이야기이다.

필은 다른 방법을 생각하기 시작했다. '좀더 많은 돈을 벌기 위해' 무엇인가 할 수 있는 방법을 찾아야 했다. 매일 수천 명의 사람들이 자신과 마찬가지로 자동차 경주와 관련한 정보를 찾기 위해 웹 사이트를 검색한다는 데에 생각이 미친 그는 자동차 경주에 관한 웹 사이트를 만들기 시작했다.

사이트를 만드는 과정에서, 자동차 경주 관련 기사, 경주 결과, 여러 가지 자동차 제품, 자동차 액세서리, 자동차 모델 등 필요한 자료를 올리는데 상당한 시간이 필요했다. 하지만 기술자인 필에게 웹 사이트를 만드는 일은 아주 간단했다. 그는 자기가 직접 만든 사이트를 보고 뿌듯해 하며, 자신의 삶에서 가장 소중한 사람인 아내 클레어에게 바쳤다.

물론 사이트가 검색엔진 목록에 오르기까지는 많은 시간이 걸렸지만, 얼마 되지 않아 방문객이 찾아오기 시작했고, 주문이 들어왔다. 주문서를 처리하는 데 그리 많은 시간이 걸리지도 않았다. 이렇게 얻어진 부수입은 마침내 필에게 경주용 차를 갖게 해 주었고, 그와 클레어는 다정한 나날을 보내게 되었다. 그 다음 이야기의 결론은 마치 동화 속의 해피엔딩과도 같다.

필은 이제 초보자를 위한 경주용 차와 인기 있는 자동차 경주 웹 사이트의 운영자이자 두 딸의 아버지가 되어 행복하게 살고 있다.

나는 '클릭만으로'를 좋아한다. 공장을 지을 벽돌이나 시멘트가 필요가 없기 때문에 '클릭 비즈니스'를 시작하는 데에는 그리 많은 돈이 들지 않는다. 이제 이 기본적인 비즈니스 모델을 머릿속에 담아 두고 다른 강 — 당신의 아이디어의 강 — 에 발을 담궈 보자. 이것은 정말로 간단하다.

피터는 모험여행을, 리즈는 옷을, 필은 자동차를 좋아했고, 나는 활자화된 글을 좋아했다. 여기서 '클릭 비즈니스' 를 시작함에 있어 기억해야 할 두 가지 사항이 있다. 첫째, 이미 자신의 비즈니스를 가지고 있다면, 온라인이라는 3차원 공간을 창조하는 일은 분명히 발전적인 확장이라는 것이다. 둘째 더 많은 돈을 더 많이 벌기 위해 당신이 좋아하는 일을 가지고 시작한다면 분명히 성공할 수 있다는 것이다.

유명한 사상가 데일 카네기는 "사람의 마음을 얻는 가장 확실한 방법은 그가 가장 소중히 여기는 것에 관해 이야기하는 것이다."라고 주장한 바 있다. 또한 그는 성공하기 위해서는 자신의 일에서 편안해지는 법을 배우고, 그 일에 열정을 쏟을 수 있어야 한다고 말했다.

자신이 소중히 여기는 분야에서 일할 때, 그 일이 더 편안해지고 열정적이 된다는 것을 자연스럽게 발견하게 된다. 당신의 보물섬은 어디에 있는가? 성공적인 3차원 비즈니스로 전환시킬 수 있는 기회가 있는가?

하나의 출발점으로 우선 우리가 어렸을 때 무척 좋아했던 것에 관해 생각해 보자. 나는 이야기를 글로 쓰는 것을 좋아했고, 늘 돈을 벌 수 있는 기회가 없을까 하는 생각에 빠져 있었다. 그런 내게 글을 쓰는 것은 즐거운 일이었고, 여기에 타고난 사업적 기질까지 있어서 나는 돈을 벌수 있었다. 종이 위에서 모든 것은 새롭게 태어났고, 이것은 독립과 가슴 설레는 자유를 의미했다.

초등학교 시절, 나는 단짝 친구 칼과 함께 〈플라잉 보이〉라는 작은 책을 쓴 적이 있다. 그리고 그 책을 소재로 친구들과 열정에 넘치셨던 아버지를 주인공으로 등장시켜 영화를 만들었는데, 나는 친구들로부터 관람료를 받고 이 아마추어 영화를 어두운 차고에서 상영했다.

고등학교 시절, 모든 학생들이 체육실기 시간에 참여하거나, 학교 럭비 경기를 관전하거나 크로스컨트리에 출전할 때 나는 경기장에서 콜라나 초콜릿, 아이스크림을 팔 수 있는 방법을 생각하느라 머리를 짜내곤했다. 그리고 도매 가게에서 콜라와 아이스크림을 상자째로 사다가 얼음을 가득 채운 큰 깡통에 담아 팔았었다.

어린 시절의 이런 엉뚱한 상황은 회계사로 일하던 몇 년 동안에도 계속되었다. 회계사라는 일이 무슨 의미가 있는지 왜 이 일이 이토록 따분하게만 여겨지는지 생각하느라 책상 앞에 앉아 불만에 가득 찬 시간을 보내는 일이 많았기 때문이었다.

누구에게나 자신만의 이야기가 있게 마련이고, 그 이야기의 끝에 홀로 서서, 인생을 가로질러 흐르는 강을 회의懷疑에 차서 바라볼 때가 있다. 당신의 이야기는 무엇인가? 당신의 마음이 자연스럽게 이끌리는 것이 있는가? 한편으로 물러나서 가만히 생각해 보아야 할 때이다. 아무런 제약은 없다. 그것이 만약 당신을 흥분의 도가니로 몰아넣는 경주용 자동차를 타는 것 같은 스포츠라면, 그 속에 잠재되어 있는 비즈니스를 생각해 보라. 당신의 흥미를 사로잡는 그 무엇인가가 의상이라면, 그 속에서 이윤을 창출할 수 있는 잠재력을 생각해 보라. 생각의 방향이 어떤 경로를 따라 내달리든, 당신은 최첨단의 어떤 지점에 이르러 그 시장에서 실제로 원하는 것이 무엇인지 이해하게 될 것이다.

언젠가 헨리 포드가 "성공의 비결이 있다면, 타인의 입장에서 사물을 보는 능력이다."라고 말했듯이 인터넷으로 인해, 기회는 도처에 넘쳐 난다. 과거 대량 자동생산을 추구하던 시기에 포드는 오직 검은색 모델 T만을 시장에 내놓았다. 그러나 인터넷은 당신으로 하여금 전세계를 향해 온갖 색깔을 선보일 수 있도록 해 준다.

당신이 하는 일을 사랑하라. 그러면 성공의 기회가 찾아온다. 다른 사람들이 정말로 원하는 것이 무엇인지 이해하고 적절한 시기와 적절한 장소 그리고 적절한 가격으로 그들에게 공급하라. 그러면 성공은 당신의 몫이다. 정보화 시대에는 혁신적인 것만이 미래를 바라볼 수 있다.

이제 당신이 정말로 즐기면서 비즈니스로 전환할 수 있는 것들을 목록으로 작성해야 할 시간이다. 현재 사업을 하고 있다면, 이것을 온라인에서 운영할 수 있는 영역을 꼽아 체크해 보자.

클레어는 어린 두 딸을 돌보기 위해 직장을 그만둔 후, 약간의 수입이라도 올릴 수 있는 방법을 궁리했다. 그래서 그녀는 남편 필의 자동차 경주 사이트에서 받은 주문서를 처리하는 일을 돕기 시작했는데 하다보니 자신의 사이트가 있으면 좋겠다는 생각을 하게 되었다. 그녀는 다른 무엇보다도 아이들을 좋아했다. 그래서 아이들 장난감과 아동도서에도 관심이 많았는데, 특히 해리포터를 너무 좋아했다.

비가 내리던 그해 겨울, 그녀는 부모와 아이들을 위한 사이트를 처음으로 열었다. 그것은 갖가지 이야기, 퍼즐 그리고 게임을 고루 갖춘 사이트였다. 필은 그녀의 생각에 찬성하고 도움을 주었지만, 그 사이트로 돈을 벌 수 있을 지에 관해서는 회의적이었다. 그러나 클레어는 곧 그의 생각이 틀렸다는 것을 입증했다. 그녀의 사이트도 아동도서와 장난감을 판매하는 인터넷업체와 링크하는 조건으로 광고 계약을 체결해 조금씩 광고비를 받게 된 것이다.

'그렇다면 온라인에서 나도 비즈니스를 하고 돈을 좀 벌어 볼까?' 라는 생각이 든다면, 인내심을 가지라고 말하고 싶다. 환경은 지독하리만치 경쟁적이다. 적절한 틈새를 파고들어 필요한 기반을 다지는 것이 중요하다. 웹 비즈니스를 시작하겠다는 결정을 내리기 위해서는 먼저 이 사업을 시작한 사람들의 경고 섞인' 조언과 기술 그리고 경험에 귀를 기울여야 한다.

웹 비즈니스에서 '약간의 용돈' 을 벌기는 쉽다. 그러나 부富를 이룩하기는 매우 어렵다. 개울물이 흐르는 시내는 많지만 도도하게 흐르는 강물은 많지 않다. 나의 충고는 간단하다. 시내를 찾되 그 시내가 늪이 아니라 강으로 흘러간다는 것을 통찰할 수 있는 눈과 노하우를 가지라는 것이다.

3장

웹 비즈니스의 9가지 성공전략

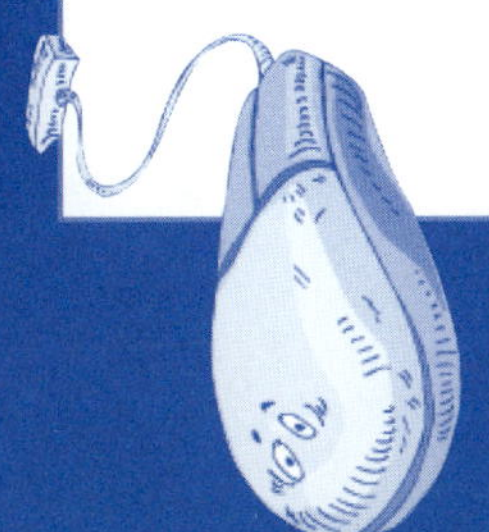
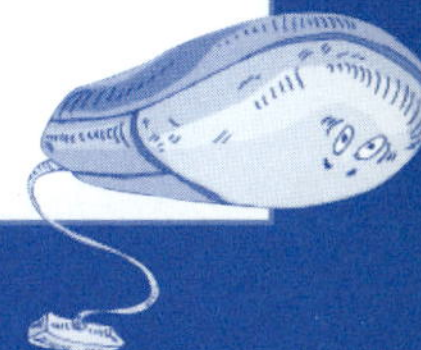

1. 온라인에서 통할 만한 상품을 판매하라

이 간단한 교훈이 항상 간과되는 경향이 있다. 수없이 많은 사람들이 인터넷 창업에 뛰어들었다가 실패하는 것은 통하지 않을 상품을 개발하는 데 원인이 있다. 네모난 바퀴를 발명하려 한다든지, 기린에게 파도타기를 하도록 시킨다든지 혹은 휘트니스 클럽에서 초콜릿을 팔려고 하는 식으로 터무니없는 상품을 판매하려 하기 때문이다. 즉 수없이 많은 사람들 — 그들 가운데 상당수는 무조건 사업 지향적인 젊은이들 — 이 시장에 대한 충분한 조사와 이해가 없는 상태에서 인터넷 비즈니스에 뛰어들고 있다.

나는 어린 시절을 농촌에서 보냈다. 그때 땅과 함께 살아가던 성실한 사람들을 지금도 기억하고 있다. 씨앗을 뿌리기 전에 무엇을 재배할 것인가를 고민해야 한다. 어느 곳에서 어떤 일을 하든 모두 마찬가지다. 그런 충분한 조사와 고민 없이 엉뚱한 곳에서 잘못된 것을 클릭한다면

'클릭으로' 부자 되기란 불가능하다. 돌아보면, 초창기의 많은 '.com' 열풍은 일종의 광적인 경쟁과도 같았다. 그들은 자신들의 출발을 도와 준 협력업체와 자금을 지원해 준 벤처자본을 바보로 만들었고, 잠시나마 마이더스의 눈을 속일 수 있었지만 소비자는 속이지 못했다.

의문의 여지없이 인터넷 시장에도 지각변동이 있었다. 이것은 쭉정이와 알곡을 가르는 과정으로써, 과도기에서 피할 수 없는 일이었다. 사람들은 실패를 통해 더 많은 것을 배운다. 인터넷 비즈니스도 마찬가지다. 인터넷은 연간 성장률 100% 이상을 기록하면서 세계에서 가장 빠르게 성장하는 시장으로 자리 잡아가고 있다.

2000년, 2억 명의 사람들이 온라인 쇼핑을 하는데, 남녀 비율은 대략 50대50인 것으로 나타났다. 내가 웹 비즈니스를 시작했을 무렵, 인터넷은 70% 이상이 남성인 '괴짜들의 왕국' 이었고, 그때까지 온라인 쇼핑은 커다란 잠재력을 지닌 시장으로 조용히 부상할 날만을 기다리고 있었다. 그리고 몇 년이 지나지 않아 인터넷은 엄청난 변화와 함께 돈이 되는 거대한 시장으로 변모했다. 하지만 여전히 이 곳은 성공에 이르는 길을 보여 주는 분명한 지도가 없는 시장이다. 지각변동이 필요한 것도 바로 이런 이유 때문이다. 어떤 산업 분야에서나 일정한 시점에 이르면 전환점을 맞이하게 되며, 궁극적으로 고객을 이해하는 사람은 번창하고 그렇지 못한 사람은 뒤쳐지게 된다. 독점적인 위치에 있지 않는 한, 특정 고객의 요구와 필요를 만족시키기 위해 철저하게 헌신해야 하는 것이 비즈니스이다.

　데이브는 지난 10년 동안 일해 왔던 엔지니어링 회사에서 해고되자, 가구를 만들어서 이것을 사업화 하기로 결심했다. 기존의 시장을 뚫고 들어간다는 것은 결코 만만한 일이 아니었지만, 그는 자신이 만든 제품을 수출하겠다는 확고한 열망을 가지고 있었다. 데이브는 자신이 작업하는 모습을 사진으로 찍어 사이트에 올리고, 여러 나라 화폐로 가격표를 작성하고, 그리고 웹 호스트가 공급하는 안전한 서버를 통해 신용카드 결제 시스템도 만들었다. 드디어 데이브는 '.com'을 세우고 자신의 사이트를 유명한 검색엔진에 등록하게 되었다. 몇 개월이 지나자 방문객 숫자가 일일 평균 50명을 넘어섰다.

　언뜻 보기에, 웹 사이트 구축이 제대로 진행되고 있는 것처럼 보였다. 하지만 물건이 팔리지 않았다. 의기소침해진 그는 사이트가 제대로 운영되지 않고 있는 이유에 관해 자문을 구하고 사이트를 새로 만들어 달라는 의뢰를 했다. 의뢰를 받은 업체는 데이브에게 물품운송 비용과 운송지연이라는 문제가 있다고 이야기했다. 그리고 자신들이 살고 있는 도시의 소매 가구점에 가서 물건을 직접 보고 고르면 그 다음날 곧바로 배달이 됨에도 불구하고, 온라인으로 그가 만든 가구를 주문할 이유가 어디에 있겠냐고 물었다. 그러자 데이브는 자신의 가구는 독특하며 세계 어디에서도 똑같은 가구를 구할 수가 없기 때문이라고 대답했다.

그가 한 말은 어느 정도 사실이다. 현재 그는 자신의 집을 가구점으로 만들어 현지 주민들을 대상으로 가구를 판매하고 있지만, 웹을 이용하면 전세계 고객들에게도 판매 할 수 있다. 그의 웹 사이트는 여러 가지 목적을 수행한다. 사이트를 통해 주문서가 접수되기 때문에, 제품 목록을 만들어서 고객들에게 발송하는 데 드는 비용을 많이 절약할 수 있다. 또 더 많은 다양한 정보들을 웹 사이트에 직접 올릴 수 있다.

웹 사이트는 제품을 직접 판매하는 장소로서보다는 각종 정보를 제공하는 장소로서 더 많은 기여를 하고 있다. 또한 이를 통해 국제적인 잠재 고객들과 만날 수 있다. 스웨덴에 위치한 한 가구점의 주인은 해외여행 기간 동안 데이브를 찾아오기도 했다. 그의 비즈니스 모델을 논리적으로 말하자면, '클릭(   )'의 지원을 받는 '벽돌(   )'이 기초가 된 비즈니스이다. 그리고 데이브의 무역 형태를 볼 때, 당연히 이것이 최상의 모델이다.

여기에서 중요한 교훈은 어떻게 웹 사이트를 통해 돈을 벌 수 있도록 만들 것인가를 정확하게 고려할 필요가 있다는 것이다. 데이브의 웹 사이트가 비즈니스를 창조하는 것이 아니라 비즈니스를 지원해 준 것에서 알 수 있듯이 말이다. 온라인에서 통할 만한 제품을 선택함에 있어 부딪

히는 어려움 가운데 하나는 딱히 '이것이다.' 라고 할 만한 것이 없다는
점이다.

리얼 돌Real Doll은 〈타임〉 지誌에 소개된 적도 있는 실물 크기의 인물
형상을 판매하는 것으로 유명한 회사인데, 고객들은 온라인에서 제품을
주문하기 전에 다양한 흉상, 분할 작품 그리고 두상 등을 선택할 수 있
다. 기묘하고 소름끼치는 느낌마저 자아내는 인물형상을 구매하는 이유
는 세계 어디에서도 쉽게 구입할 수가 없기 때문이다. 이것이 온라인 구
매의 장점이다. 더욱이 가게에서 직접 이런 제품을 구매하기가 다소 곤
혹스러울 때 더욱 효과적이다.

사이몬은 컴퓨터 하드웨어, 소프트웨어 그리고 주변기기를 판매하는
웹 비즈니스에 종사하고 있다. 그는 자신이 좋아하는 핵심 비즈니스는
'제품운송' 이라고 말한다. 유명한 컴퓨터 제조업체에서 일한 몇 년 동안
자신의 일에 대한 한계를 느끼기 시작하면서 프로그래머인 친구와 함께
팀을 이루어 정교한 웹 비즈니스 시스템을 구축하게 되었다.

지금 그는 대부분의 시간을 잠재 고객들에게 전화를 걸어서 그들로
하여금 자신의 웹 사이트를 방문하도록 설득하는 데 보낸다. 고객이 로
그인을 하면, 웹 비즈니스 시스템이 자동으로 고객에게 가격 인하율을
제시하고 고객들에게 인기가 있는 제품을 선보인다. 사이몬의 시스템은
공급업체들과 링크가 되어 있는데, 이것은 공급업체들이 제시하는 가격

의 변화가 수 시간 내에 그의 웹 서버에 자동적으로 업데이트 된다는 것을 의미한다. 이 시스템을 이용하면 저렴한 가격에 고객들이 필요로 하는 최상품을 선택할 수 있는 기회를 누릴 수 있다.

사이몬의 제품은 서버와 PC시스템 같은 부피가 큰 품목임에도 불구하고, 질 좋은 서비스를 제공해 주고 있기 때문에 그의 사이트를 통해 제품을 구매하는 고객들이 많다. 이것은 웹을 이용하여 저비용 체제를 유지할 수 있고, 이를 통해 전국의 어느 소매업자보다도 저렴한 가격에 제품을 판매할 수 있기 때문에 가능하다. 나는 사이몬과 그의 웹 비즈니스가 어느 정도의 이윤을 창출하고 있는지 이야기를 나누면서, 그의 말처럼 지금 그는 '부의 꿈'을 향해 가고 있다는 것을 알 수 있었다.

사이몬 이야기의 핵심은 시작단계에서부터 자신의 온라인 제품이 어떻게 돈을 벌 것인가에 대한 비전이 있어야 한다는 것이다. 데이브의 경우 반드시 이런 비전을 가지고 있을 필요는 없었지만 사이몬의 경우는 그렇지 않았다. 어떤 제품이 온라인 판매에서 성공할 것인가 하는 것은 실제로 이들이 온라인에서 어떻게 판매될 것인가에 달려 있다.

당신은 온라인과 오프라인 채널을 통해 '벽돌&클릭' 비즈니스를 발전시킬 만한 아이디어를 가지고 있는지 혹은 '클릭만으로' 주문서를 처리할 수 있는 모델을 확립하고 싶은지 신중히 생각해야 한다. 아무리 한결같이 클릭만으로 일을 처리하는 형태의 비즈니스라 하더라도, 때로 전화통화를 원하는 고객이 있을 수 있으며, 신용카드 결제를 하는 고객의 경우는 특히 그렇다는 것을 명심해야 한다.

반면에 클릭만으로 일하는 비즈니스 모델은 시장이 광대하고 국제적으로 사업을 펼칠 수 있다는 점을 고려할 때 성공의 전망이 지극히 밝다고 할 수 있다. 즉 수백만 명은 아니더라도 수천 명의 고객들을 일일이 만나지 않고도 그들에게 서비스를 제공할 수 있기 때문이다. 웹 비즈니스는 웹 사이트를 통해 동시에 다양한 고객들에게 서비스를 제공한다는 점에서 시간을 효과적으로 활용할 수 있다.

지금까지 우리는 돈을 벌 수 있는 잠재력을 지닌 몇몇 사람들의 아이디어에 대한 사례를 보았다. 이미 어느 정도 규모의 투자 포트폴리오를 가지고 있다면 몰라도 그렇지 않다면 상당한 자금을 미리 투자해야 하고 1,2년이 지나야 투자 수익을 창출할 수 있는 비즈니스 모델은 추천하고 싶지 않다. 왜냐하면 초기 자금을 웹에서 벌 수 있기 때문이다. 기존에 사업을 하고 있지 않은 사람이라면, 집에서 일할 수도 있고 인터넷 카페를 운영할 수도 있다. 그러므로 이렇게 시작한 사업이 어느 정도 자리를 잡은 다음에 다른 선택을 고려해 볼 수 있다.

당신이 즐겁게 할 수 있는 사업을 한다는 것은 자신의 인생 길을 선택하는 것과도 같다. 웹 비즈니스 세계에서 5명의 직원을 두고 집이라는 안락한 공간에서 일하면서 개업의보다 더 많은 순수익을 올리는 넷 기업가들을 만나는 것은 그리 드문 일이 아니다. 인터넷 환경에서의 '계약'이라는 것은 그 성격상 계약자들이 흔히 집에서 일하면서 통신수단을 통해 서로 연락한다는 것을 뜻한다. 그렇기 때문에 이를 통해 당신은 집에 가만히 앉아서도 거대한 실제적인 조직을 만들 수 있다.

새로운 비즈니스 아이디어가 될 수 있는 가능성에 접근하기 위해서는 시장조사를 하고 이를 실제에 적용하는 일에 상당한 시간을 투자해야 한다. 그러나 가상의 세계, 즉 인터넷이 지닌 위대한 미덕 가운데 하나는 시간이나 돈을 거의 투입하지 않고도 전 과정이 운용될 수 있다는 것이다. 인터넷 자체가 그것을 추진할 수 있는 모델을 제공해 주기 때문이다. 웹 사이트의 가장 주요한 방문객들의 자원은 야후, 알타비스타, 라이코스 등과 같은 검색엔진으로부터 온다. 사실 모든 웹 이용자들 가운데 85%가 검색엔진을 통해 웹 사이트를 방문한다. 그렇기 때문에 이들을 통해 사이버 공간에서 정기적으로 실시되는 인기 있는 키워드 조사를 참고로 활용할 수 있다.

예를 들면, 당신이 초콜릿 제품 판매에 관심이 있다고 가정해 보자. 당신은 이미 지역 주민과 관광객들에게 맛 좋은 초콜릿을 판매하는 조그만 초콜릿 가게를 소유하고 있다. 당신은 손님들로부터 그들이 직접 초콜릿과 포장상자를 디자인한 초콜릿 선물 세트가 있었으면 좋겠다는 말을 자주 듣는다. 이로 인해, 당신은 고객들이 온라인에서 직접 초콜릿 선물 세트를 선택하고, 전세계 어느 곳이라도 배달될 수 있는 독특한 기회를 인터넷 웹 사이트에서 만들 수 있다는 사실을 깨닫게 된다.

초콜릿은 온라인에서 판매하기 안성맞춤인 제품인데, 다른 제품에 비해 상대적으로 선적이 용이하고, 마진율이 높으며 초콜릿이 생산된 지역에서 제공하는 관련 정보나 혹은 『초콜릿』 같은 영화를 활용하는 등 다양한 자원을 판매에 이용할 수 있기 때문이다.

이 모든 정보를 웹 사이트에서 제공할 수 있다. 즉 고객의 컴퓨터 모니터에 여러 가지 종류의 초콜릿으로 둘러싸인 빈 상자 그림이 나오는 장면부터 일단 시작한다. 고객들은 자신의 취향에 따라 직접 선택한 초콜릿에 마우스를 대고 끌어오는 방법으로 여러 가지 초콜릿을 상자에 담을 수 있다. 그 다음 예쁜 카드에 자신만의 특별한 메시지를 적어 넣는다. 처음에는 주문이 들어오는 대로 가게에서 제품을 배달하다가, 업무가 증가함에 따라 시간제로 직원을 고용하여 일을 처리할 수도 있다. 이 과정에서 당신은 주문서가 작성되고 제품이 운송되는 과정이 중요하다는 것을 깨닫게 될 것이다. 제품공급자들로부터 곧바로 제품이 운송될 수도 있겠지만, 우선 사이버 공간에서 초콜릿을 구입하는 데 사람들이 얼마나 관심이 있는지를 알아야 할 필요가 있기 때문이다.

나는 웹 비즈니스의 많은 성공비결들 가운데 한 가지를 당신에게 말해 주려 한다. 여기에서 제공되는 방법은 그 중 한 가지 예이다. 기억해야 할 것은 인터넷은 빠르게 변하고 있고, 따라서 링크된 웹 사이트도 빠르게 바뀌어 가고 있다는 것이다. 중요한 접근 방법을 아래에 실었는데, 이것은 따라 해 볼 만한 방법이다.

overture.com 같은 사이트는 훌륭한 출발점이 되어 줄 수 있는데, 지난달에 어떤 특정 항목에 대해 얼마나 많은 검색이 이루어졌는지 정확하게 알 수 있기 때문이다. 또한 관련된 키워드 표현도 받아 볼 수 있다. 키워드와 중요 검색 표현들은 인터넷 이용자들이 검색엔진을 어떻게 이용했는지를 보여준다.

검색엔진 조사 사이트(www.searchenginewatch.com)를 잠시 방문해 보면 overture.com에서 얼마나 많은 방문객이 찾아왔는지 알 수 있다. 조사 결과에 10배를 하면 키워드를 이용하는 잠재 방문객의 숫자를 어림잡을 수 있다. 이런 식으로 우리는 웹에서 얼마나 많은 사람들이 '초콜릿' 이라는 키워드를 사용했는지 알게 된다. 예를 들면 이렇다.

● 10월의 키워드 이용 횟수 조사 결과

77,366 초콜릿

11,333 초콜릿 칩 쿠키

7,077 초콜릿 칩 쿠키 요리법

5,846 허쉬 초콜릿

5,549 무설탕 초콜릿

5,516 초콜릿 케이크

5,116 벨기에식 초콜릿

4,885 초콜릿 칩

4,557 윌리 원카와 초콜릿 공장

4,544 초콜릿 연구실

4,513 초콜릿 퍼지

4,238 프랑스식 초콜릿

4,183 발로나 초콜릿

4,074 유럽식 초콜릿

10월 한 달 동안 overture.com에서 정확히 77,366명의 사람들이 '초콜릿'이라는 단어로 검색을 했다는 것을 알 수 있다. 이것은 10월 한 달 동안 초콜릿을 검색한 사람들의 숫자가 약 773,660명이라는 것을 말해 준다. 다시 말해서, 약 천만 명의 사람들 가운데 인터넷에서 초콜릿을 검색하는 인구가 연간 얼마나 되는지 산출해 낼 수 있다. 그리고 이 수많은 사이트 방문자들을 통해 현재 웹에서의 경쟁 상황을 짐작 할 수 있다.

경쟁이 치열하긴 하지만, 인터넷 시장은 더없이 광대하다는 것을 기억하라. 자신들에게 새로운 비즈니스 서비스를 제공해 주기를 요구하는 새로운 사용자들로 하루가 다르게 성장하고 있다. 당신의 아이디어를 온라인에서 팔고 당신의 제안이 다른 것들과 차별화 되도록 노력하라. 웹에서 상위에 링크된 사이트들이라 하더라도 대개 무엇인가 부족한 부분이 있게 마련이고, 따라서 더 빠르고 저렴하게 개선될 수 있는 여지가 있다.

웹 비즈니스에서 성공으로 가는 열쇠는 '틈새시장' 을 찾아내는 데 있다. 틈새시장은 전부도 아니고 끝도 아니다. 성공은 일관되게 높은 마진으로 가능한 한 많은 제품을 팔 수 있는 능력에 따라 오는 부산물이다. 시장에서 틈새를 찾아내면 그만큼 성공할 수 있는 여지가 넓어진다.

overture.com 조사에서, 우리는 10월 한 달 동안 5,549명의 사람들이 무설탕 초콜릿을 검색했다는 것을 알 수 있었다. 이것은 사이버 공간에서 월간 55,000명의 사람들이 무설탕 초콜릿에 관심을 가졌다는 것을 의미한다. 따라서 이것이 양호한 매출을 가져올 수 있는 제품일 가능성이 있다. '무설탕 초콜릿' 이라는 키워드를 넣어서 클릭하면 다음과 같은 흥미로운 결과가 나타난다.

● 10월 달 검색 횟수

5,549 무설탕 초콜릿

43 무설탕 초콜릿 케이크

40 무설탕 초콜릿 요리법

이 결과를 보면 고객들이 웹 사이트에서 쉽게 배울 수 있는 요리법뿐 아니라, 무설탕 초콜릿 케이크에도 관심이 있다는 것을 알 수 있다. 이것은 고객들로 하여금 다시 사이트를 방문하게끔 만들 수 있다는 것을 의미한다.

overture.com에서만 상위 10위 안에 들기 위해 1회 클릭에 10센트 정도를 지불해야 하는 경쟁자들과의 경쟁은 그리 어려운 일이 아니다. 게다가 최적화를 통해 대중적인 지명도가 더 높은 검색엔진에 무료로 등록하는 것이 훨씬 쉬울 수도 있다.

이 단계에서 링크 사이트와 특정 검색엔진은 변하기 마련이며, 인터넷 사용자들 사이에서의 인기도와 관련해서는 특히 그럴 수밖에 없다는 것을 이해하는 것이 중요하다. 시대에 따라 유행에 따라 인터넷 자체만으로 사람들이 무엇을 바라는지 그것을 바라는 사람이 얼마나 되는지 알 수 있기 때문이다.

2. 적절한 때와 장소를 찾아라

큰 돈을 버는 가장 중요한 열쇠는 적절한 때와 장소다. 웹 비즈니스에서 이것은 검색엔진과 디렉터리의 위치를 정하는 문제로 귀결된다.

4년 전에 웨인은 학교를 그만두고 시간이 나는 대로 인터넷을 뒤지며 웹 서핑을 하기 시작했다. 검은색의 긴 머리에 무거워 보이는 금속 장식이 달린 티셔츠를 입고 다니는 21살짜리 웨인의 모습은 백만장자라고는 전혀 생각되지 않았다. 고급스런 주택들이 즐비한 교외의 한 호화로운 주택에서 만난 그의 모습은 주위 환경과 아주 대조적이었다. 회계사, 의사, 변호사들이 이웃이고, 말쑥하게 잘 다듬어진 잔디와 토요일 아침이면 관례처럼 이루어지는 세차 등 도대체 어떻게 그가 그 곳에 와 있는지 의아할 정도였다.

그러나 그의 집은 실제로 갓 지어진 새 집이기는 했지만, 금으로 테두리를 입힌 거울, 장중한 책들로 가득 채워진 책꽂이 혹은 프릴이 풍성하게 달린 쿠션으로 장식된 소파 이런 것들과는 거리가 멀었다. 문어발처럼 사방 어디에서나 조종이 가능하도록 고안된 비디오 게임기가 부착된 대형 TV, 바닥에 이리저리 널려 있는 잡지책들, 먼지 냄새 그리고 거실에서 침실까지 길게 깔려 있는 전화선이 전부였다. 웨인은 이 곳에서 프로그래머 친구들과 함께 생활하고 있는데, 최근에 애지중지하는 검은색 포르쉐를 과속으로 몰다가 운전면허가 정지된 후에는 더욱 집 안에서만 지냈다. 21살의 웨인은 이미 너무나 많은 돈을 벌었고, 지금은 그것이 자연스럽게 순환하도록 내버려두기만 하면 될 뿐이었다.

그는 인터넷 사용자들이 인터넷에서 안전하게 파일을 전송할 수 있도록 해 주는 소프트웨어 만드는 일을 하고 있다. 고객들은 그의 웹 사이트에서 소프트웨어를 직접 다운로드 받고 비용을 지불한다. 매달 수만 명의 사람들이 그의 소프트웨어를 다운로드 받고 있다. 이 사이트가 그에게 엄청난 돈을 벌어다 주고 있는 것이다.

이렇게 아이디어가 일단 시장에서 살아남을 수 있는 제안으로 발전하기만 하면, 그 다음 모든 것은 그 아이디어를 팔 수 있는 당신의 능력에 달려 있다. 이것은 당신의 제안에 가장 관심 있어 할 것 같은 사람들에게 접근하는 길을 찾아낼 것을 요구한다. 웹 비즈니스를 시작하기 전에 이들에게 어떻게 접근할 것인지 방법을 생각해 내야 한다. 또한 이렇게 하기 위해서 얼마나 많은 비용이 들 것인가도 고려해야 한다.

웨인은 대박을 터뜨리기나 한 것처럼 한꺼번에 엄청난 돈을 벌었다. 고객들은 실제로 그런 소프트웨어를 필요로 하고 있었지만 그때까지 그 것을 제공하는 사람은 거의 없었다. 그런 시기에 그는 고객이 원하는 프 로그램과 웹 사이트를 동시에 가동시켰다. 이것은 그가 별다른 경쟁을 거치지 않고도 신속하게 많은 고객층을 찾아낼 수 있었다는 것을 의미 했다.

인터넷에서 돈을 벌기 위해 꼭 웨인처럼 젊거나 감각이 있거나 운이 좋을 필요는 없다. 데니스는 지난 25년 동안 일 해 왔던 회사를 62살의 나이에 퇴직함으로써, 직장을 그만두고 항해하고 싶어했던 평소의 꿈을 실행에 옮겨야 할 때라고 결심했다. 데니스와 그의 부인 조안에게는 무 담보 주택, 구식 자동차 그리고 데니스의 자랑이자 기쁨인 돛단배 '선 프린세스'가 전부였다. 두 사람은 최근에 받은 퇴직금과 얼마 되지 않는 적금을 가지고 남은 여생을 살아가야 한다는 것에 불안을 느꼈다.

데니스는 연금을 수령할 수 있는 자격이 있긴 했지만, 그것만으로는 월급에 맞춰 생활해 왔던 그동안의 생활을 계속 영위하기에 부족했다. 집을 좁혀서 이사하는 방법이 있기는 했지만 조안은 이 생각에 찬성하 지 않았다. 결혼한 딸의 가족과 함께 생활하는 것이 좋았고, 휴일이면 가끔 아들이 찾아와서 함께 지내다 가곤 했기 때문이었다. 게다가 그녀 와 데니스는 오랜 세월 그 곳에서 살았기 때문에, 그 집은 그들을 에워

싸고 있는 공간이자 내면을 채워 주는 공간으로 그들의 일부였다.

현재 데니스는 자신의 꿈과 관련된 요트를 사고 파는 웹 사이트에다가 요트 액세서리와 장비 판매광고를 내고 이를 통해 수익을 올리는 인기 있는 요트 사이트를 운영하고 있다. 그는 매일 자신의 사이트에 최신 항해 관련 뉴스를 올리고 내용을 업데이트 한다. 그의 사이트는 로컬 사이트이지만, 검색엔진에 등록하고 다른 웹 사이트와 전략적인 링크를 맺음으로써 해외 네티즌들의 문의도 증가하고 있는 추세이다. 또 주요 요트장비 공급업체와 링크를 맺어, 일반인들이 주변에서 쉽게 구하기 어려운 장비들을 구할 수 있도록 도와 주는 일도 하고 있다.

웹 사이트를 관리하는 데에는 하루에 3시간 정도가 소요된다. 데니스는 이 일을 통해 백만장자가 될 수 없다는 것을 알고 있다. 그리고 어쨌든 그것은 그가 바라는 목표도 분명 아니다. 30년을 함께 살아온 아내와 함께 '선 프린세스'를 몰고 바다를 항해하다 항구로 미끄러지듯 돌아오는 평화로운 기분에 젖을 때마다, 행복해지기 위해서 반드시 백만장자가 될 필요는 없다는 생각을 하기 때문이다. 또 희끗희끗해지긴 했지만 여전히 변함 없이 머리카락을 스치는 부드러운 바람을 느끼면서, 그는 자신의 사업을 운영하거나, 가게를 소유하거나 직접 잡지를 발간하는 일 같은 가슴 설레는 일을 하고 싶어했던 젊은 시절의 지나간 꿈을 떠올리며 행복에 빠지곤 했다.

사람들을 만나 보면, 누구나 그들만의 이야기가 있다. 그리고 그 대부분의 이야기에는 거의 예외 없이 의문이 앞선다. 어떻게 전개될 것인가? 누가 그 이야기 속에 등장할까? 어디에서 이야기가 벌어질까? 왜 변화가 생기는 것일까? 사람들은 이런 의문에 대한 해답을 제시해 가면서 이야기를 풀어나가고 발전해 간다. 그러므로 웹 비즈니스를 통해 성공하고 싶다면 자신에게 질문을 던질 필요가 있다. 나는 웹에서 무엇을 판매하고 싶어하는가? 그것을 어떻게 팔 것인가? 누가 그것을 살 것인가? 구매자들은 어디에 있고 그들은 어떻게 나를 발견할 것인가? 기존에 내가 생각한 어떤 부분의 비즈니스를 웹 비즈니스로 전환할 것인가?

이런 질문을 제기하고 대답하기 시작한다면, 당신은 규모가 크든 작든 이윤을 창출할 수 있는 웹 비즈니스를 신속하게 형성하는 길로 들어설 수 있을 것이다.

3. 시간을 활용하라

20대 초반에 나는 조그만 회사에서 회계보조로 아르바이트를 한 적이 있다. 월요일부터 금요일까지 이른 아침부터 담배 연기, 술 냄새가 진동하는 사무실에 도착하여 시간당 10달러를 받고 회계내역을 컴퓨터에 입력하는 일을 했다. 내가 일을 신속하게 처리하든 늑장을 부리든, 일을 잘 해내든 서툴게 하든, 나는 시간당 10달러를 받았다.

이 일을 하는 동안 나는 기분이 우울해졌고, 미래이자 희망이었던 꿈마저 고갈되어 갔다. 하지만 주택 임대료를 지불해야 했기 때문에 계속해서 출근해야만 했다. 그러나 얼마 뒤 다행스럽게도 시간을 훨씬 더 많이 활용할 수 있는 컴퓨터 교육 관련 일을 시작하게 되었다. 시간당 40달러를 받고 사람들에게 컴퓨터 기초를 가르치는 일이었는데, 가끔 그 일을 좋아한다는 기분도 느낄 수 있었다. 그리고 어떤 때는 나를 대신하여 강좌를 담당해 줄 학생들을 시간당 20달러에 고용하기도 했는데, 내가 일을 하든 하지 않든 나는 20달러의 수익을 올릴 수 있었다.

그러다 돈이 되는 일에 시간을 들인다는 것은 투자한 것보다 훨씬 더 많은 무엇인가를 창출할 수 있는 일을 개발하는 것이라는 생각이 들기 시작했다. 비록 느리긴 했지만 나는 감자 캐는 일을 그만두고 과일나무 심는 법을 배우기 시작했다.

인터넷은 시간 낭비를 줄일 수 있다. 즉 적은 시간으로 많은 것을 성취할 수 있게 해 준다. 고객을 만나기 위해 약속 장소로 나가거나 전화로 그들과 얘기하는 데 걸리는 시간이 필요 없기 때문이다. 지금 세계 각지에서는 이메일을 주고받으며, 아이디어를 교환하기 위해 그들과 채팅창에서 만날 약속을 정하고 있다. 나와 계약한 고객들도 자신들의 집에서 편안하게 앉아 이메일을 보내고, 채팅을 하고, 문자 메시지를 보낸다. 또 인터넷 뱅킹을 이용하여 자동결제를 할 수도 있다. 내 비즈니스 무대는 이제 더 이상 내가 살고 있는 도시나 나라가 아니라 전세계이다. 이것은 흥미롭기 그지없는 수많은 가능성을 의미한다.

나의 고객들은 시카고, 일리노이 주, 남아프리카의 더반 혹은 그 외 여러 지역에 걸쳐 있는데, 나는 단 몇 초만에 그들의 시간대, 지역으로 들어가서 생생한 통계자료, 평균수익, 환전, 문화정보 그리고 그 도시의 사진을 입수할 수 있다. 또한 이메일 도착 알림 서비스와 쌍방 교류가 가능한 사이트를 통해, 고객들로 하여금 내가 하루 24시간, 일주일 내내 그들 곁에 있는 것처럼 느끼도록 만들 수 있다.

이제 당신에게 몇 가지 질문을 해야 할 시간이다. 당신의 수입이 시간 단위로 정해지는가 아니면 커미션이나 월급으로 받는가? 더 열심히 신속하게 일하면 수입이 늘어나는가 아니면 피곤해지기만 하는가? 하루 중에 자신의 자아 발전을 위해 투자할 수 있는 시간을 낼 여유가 있는가? 시간을 활용하여 수입을 증가시키고 싶은가? 이 질문에 '그렇다' 라는 대답이 나온다면 이 책을 계속 읽어 나가기 바란다. 웹 비즈니스는 시간을 효율적으로 활용할 수 있는 비즈니스 모델을 개발할 수 있는 독창적인 기회를 보여 주기 때문이다.

4. 사람들의 시선을 사로 잡아라

우리는 지금까지 여러 사례를 통해 인터넷에서 어떤 상품이 통할 수 있는지, 어떻게 하면 더 많이 판매 할 수 있는지에 대해 살펴보았다. 이제 당신은 자신이 좋아하는 일을 하고, 인터넷 시장을 조사하고, 시장에서 자신에게 맞는 자리를 찾고, 시간을 효율적으로 활용하는 데 필요한 기본적인 사항들을 이해하게 되었을 것이다.

지금 당신은 아무 것도 진열되어 있지 않은 텅 빈 가게에 서 있다. 이곳을 채우고 비즈니스를 시작해야 한다. 자신의 웹 사이트를 설계해야 할 때가 된 것이다. 사이트를 설계함에 있어, 두 가지 중요한 사항을 고려해야 한다. 하나는 어떤 방문객들에게 어떤 경험을 제공할 것인가와 관련하여 어떤 분위기의 사이트를 디자인할 것인가 하는 문제이고, 또 하나는 다른 사이트들과의 링크 그리고 안심하고 신용카드로 결제할 수 있도록 프로그래밍하는 일이다. 이에 관해서는 7장에서 좀더 자세하게 이야기할 것이다.

 지금은 웹 사이트의 프런트엔드front-end와 백엔드back-end를 인식하는 것이 중요하다. 대형 쇼핑몰 안에 있는 가게를 떠올려 보자. 프런트엔드는 잘 꾸며진 윈도우, 깨끗한 실내 공간, 깔끔하게 진열된 상품, 카운터 그리고 유니폼을 입은 직원들로 이루어져 있다. 기본적으로 고객이 눈으로 볼 수 있는 것을 프런트엔드(ex-게시판, 자료실 등)라고 부른다. 백엔드(ex-회원정보 등)는 컴퓨터 시스템에 연결된 대금결제 처리, 창고, 제품구매와 같이 고객이 직접 볼 수 없는 것을 말한다. 웹 사이트가 프런트엔드와 백엔드를 필요로 하는 정도는 사이트에서 제공하는 서비스가 얼마나 복잡한가에 달려 있다.

 예를 들어, 광고를 통해 수익을 올리는 단순한 잡지 사이트인 경우, 프런트엔드를 어떻게 전달하는가가 매우 중요한 반면에, 백엔드는 거의 필요로 하지 않는다. 이에 비해, 많은 상품을 가지고 있는 일반 가게는 인터넷으로 거래를 할 수 있는 시스템을 마련하고, 사이트와 링크된 자동화된 고객 데이터베이스를 구축하기 위한 투자가 중요하다.

 프런트엔드의 디자인은 당신의 가게를 방문한 고객에게 어떤 인상을 줄 것인가에 중요한 영향을 미친다. 매력적인 분위기를 연출하는 우아한 가게가 있는가 하면, 한쪽 구석에는 상자들이 쌓여 있고 벽에는 볼품없는 포스터가 붙어 있는 가게도 있기 때문이다. 웹 사이트에서 프런트엔드를 설계할 때 훌륭한 웹 디자인 소프트웨어를 구입하는 것 외에는 비용이 거의 들지 않는 것은 정말 다행한 일이다.

백엔드 설계는 주문서를 처리하고 제품을 전달하는 데 필요한 업무량에 영향을 미친다. 요즘은 매달 일정 관리비를 받고 또는 광고를 게재하는 조건으로 백엔드 설계에 관해 컨설팅해 주는 호스팅업체나 사이트들이 많이 늘어나고 있다. 만약 백엔드에 문제가 발생한다면 문제를 해결하는 데 필요한 프로그램을 짤 수 있는 능력을 갖춘 프리랜서 프로그래머의 도움을 받을 수도 있다. 실력 있는 프로그래머와 계약을 맺어 두는 것도 하나의 요령이다. 이것은 엄청난 비용이 필요할 것이라는 말처럼 들릴지도 모른다. 그러나 프로그래머와 시간당으로 비용을 지불하는 형태로 계약을 한다면 그렇게 큰 비용이 들지 않는다.

일단 사이트 디자인이 확정되면 도메인을 구입하고 호스트 관리업체를 선택해야 한다. 도메인은 쉽게 기억할 수 있고 지나치게 길지 않아야 하며, 자신의 회사 이름을 최대한 부각시킬 수 있는 형태를 띠는 것이 좋다.

만약 아직 회사를 설립하지 않았다면, 유한책임회사를 세우라는 조언을 하고 싶다. 이렇게 해야만 개인 자산을 보호하고, 상대적으로 안전하게 비즈니스 활동을 할 수 있기 때문이다. 법인을 설립하는 데 많은 비용을 들여야 할 필요는 없다. 관련당국에 가서 서류를 작성하여 제출하는 것으로 충분하다(현재 온라인으로 이를 처리하는 나라들이 많다). 대개의 경우 비용이 그리 많이 들지 않는다.

당신의 비즈니스에 꼭 맞는 도메인이 결정되면 곧바로 이 도메인을 이용할 수 있는지 확인하고, 다른 누군가가 선수를 치기 전에 신속하게 등록해야 한다. 이는 도메인 등록은 경쟁이 매우 치열한 분야이기 때문 이다.

5. 기회를 놓치지 말아라

1999년 초에 나는 세계를 향해 나의 웹 사이트의 문을 열었다. 프런트 엔드, 백엔드, 사이트 호스트 계정 그리고 기본적인 운영계획을 모두 마친 후, 첫 번째 방문객이 찾아 주기를 바라며, 그가 비용을 기꺼이 지불할 용의가 있는 고객이기를 희망했다. 하지만 시간이 흘러도 아무 일도 일어나지 않았다.

월별 방문객 숫자를 0에서 수천 명으로 돌려 놓기 위해서는 시간, 노력, 인내 그리고 다양한 전략을 시도하려는 의지가 필요했다. 방문객 숫자가 증가하면, 판매로 연결되기 마련이다. 방문객 숫자와 비즈니스의 계절적 특성에 따라, 한 달에 천 명의 방문객이 찾아 올 수도 있고, 10만 명의 방문객이 찾아 올 수도 있으며, 수십만 명이 찾아와서 많은 수익을 낼 수도 있다. 물론 당신의 호스트나 서버가 이만한 용량을 처리할 수 있고 당신이 업무를 처리할 수 있는 능력이 있다면 말이다.

　　웹 사이트의 방문객 숫자 증대를 위한 광고는 온라인과 오프라인의 두 가지 방법으로 이루어진다. 첫째 온라인 방법은 검색엔진 최적화, 유료 검색엔진에 등록, 관련 사이트와의 링크, 배너 광고 혹은 이메일 뉴스레터 이용 등의 방법이 포함된다. 둘째 오프라인 방법은 입소문, 대인관계 그리고 인쇄물, 라디오, 텔레비전 등 기존의 광고매체를 이용하는 방법이 포함된다. 이 두 가지 방법을 선택 시행하기 위해서는 마케팅 계획을 세워야 한다.

　　마케팅이란 고객의 요구와 원하는 바를 충족시킬 수 있는 방법을 실행하는 것이다. 마케팅을 할 수 있는 방법이 없다면, 제품을 팔 수 있는 길도 없게 된다. 마케팅 전문가들은 비즈니스를 제품(팔아야 할 대상), 가격(고객에게 미치는 영향), 장소(고객이 상품이나 서비스를 어떻게 어디에서 전해 받을 것인가), 그리고 판촉(시장과 의사소통을 하는 데 이용되는 특정매체)의 개념으로 파악한다. 시작하기 전에 먼저 이 점들을 고려하라. 그러면 당신은 웹 비즈니스를 함에 있어서 성공에 대한 더 강한 자신감을 가지게 될 것이다.

6. 방문객을 수익으로 전환하라

웹 마스터들은 매달, 매주 때로는 매일 자신들의 사이트를 업그레이드 한다. 그들은 고객으로부터의 반응과 요구에 따라 홈페이지를 끊임없이 개선시키는 것이다. 웹 사이트는 고객의 요구와 완벽하게 조화를 이루어 잘 돌아가는 기계가 되어야 하며, 고객의 반응에 따라 부단히 개선되어야 한다.

잠재 고객들이 가장 잘 이해할 수 있도록 포맷, 위치 그리고 컨텐츠를 언제라도 실험할 준비가 되어 있어야 한다. 당신의 웹 사이트를 찾아오는 방문객 숫자가 늘어날수록, 누가 당신의 고객이 될 것인지 그리고 그들이 어디에서 오는지 대략적으로 파악할 수 있게 된다. 이 시점에서부터 당신이 창안한 비즈니스 모델은 판매를 최대한으로 증대시키고 고객의 만족을 최대화하는 목표에 도달하기 위한 주문서 처리를 시작한다.

7. 자동화하라

　고객이 웨인의 웹 사이트에서 소프트웨어를 주문할 때, 정작 웨인 자신은 아무 일도 하지 않는다. 고객 스스로가 다운로드 받고 싶은 소프트웨어를 클릭하여 자신들의 신용카드 정보를 안전한 서버에 제공하면, 이메일로 소프트웨어 파일에 접근할 수 있는 다운로드 패스워드를 자동으로 받게 되기 때문이다. 다운로드를 받는 사람이 수십만 명에 이르게 되자 웨인은 백만장자가 되었고, 그는 자신의 시간을 효과적으로 활용, 이윤창출을 목적으로 소프트웨어 개발과 웹 사이트 디자인에 전념할 수 있게 되었다.

　인터넷은 자동화된 비즈니스를 전개할 수 있는 독특한 기회와 여가 시간을 효과적으로 활용할 수 있는 환경을 제공해 준다. 컴퓨터를 되파는 사이몬의 사이트는 다른 방식으로 자동화를 이용하고 있다. 웹 사이트를 모든 공급자들과 링크시킴으로써, 사이몬은 모든 주문을 인터넷을 통해 자동적으로 공급자들과 연결시켜 주고 가장 최근의 공급가격을 몇 시간 단위로 웹 사이트에 업데이트 시킬 수 있는 안전한 비즈니스 방법을 개발하는 데 주력했다.

당신도 당신의 아이디어를 클릭으로 전환함에 있어, 자동화를 통해 어떻게 부에 이르기 위한 시간관리를 할 것인지 고려해야 한다.

8. 돈이 돈을 번다

사람들은 더 이상 돈이 벌리지 않는 곳에 투자하기 때문에 실패한다. 1달러를 투자한다면 적어도 2달러가 돌아와야 한다. 일반적으로 웹 비즈니스를 시작하는 대부분의 사람들은 초기에는 집이나 커피숍 혹은 기존의 사무실에서 시작한다. 이런 초보자들에게 직원을 고용하지 말고, 계약자들을 이용하라고 말하고 싶다. 가능하면 계약자들과 인터넷을 통해 연락하라. 외상거래를 하지 마라. 시간을 투자할 때는 투자하는 만큼의 가치가 있는지를 생각하라. 돈을 벌기 시작할 때, 그것을 다른 사람의 몫이나 자산에 투자하지 마라. 최고의 수익성을 얻을 수 있다고 판단되는 자신의 사업에 내부투자를 하라. 돈은 결국 수단일 뿐이라는 것을 기억하라.

사업에 성공한 사람들은 자신들의 고객을 위해 일하는 것을 좋아하고, 기꺼이 자신의 성공을 위한 대가를 지불하고, 자신의 사업을 자유롭게 운영할 수 있는 것을 좋아한다. 그것은 성공한 사람들이 자신들이 하고 있는 일을 믿고, 즐기며 일하기 때문에 가능한 일이었다.

일을 할 때도 마치 친구와 낚시를 나온 것처럼 즐기며 일하라. 누구나 큰 물고기를 낚고 싶은 바람이 크겠지만, 무엇보다 즐거운 것은 낚시를 하러 나와 있다는 것과 마음이 맞는 친구와 함께 이 시간을 즐긴다는 것, 그리고 자신이 좋아하는 일을 하고 있다는 것을 잊지 않는다면 더 큰 성공을 거둘 것이다.

9. 성공이 성공을 낳는다

　독립한다는 것은 결코 쉬운 일이 아니다. 이 책을 쓰면서 나는 웹 비즈니스에서 성공을 거두고 자신들이 노력한 만큼 돈을 벌고 있는 사람들에 대해 많은 연구를 했다. 당신이 독립하는 데 도움을 주고자, 혼자서 웹 비즈니스를 통해 성공한 이들의 이야기를 들려주고 싶었던 것이다. 어떤 종류의 비즈니스에 뛰어들든 당신이 할 수 있는 가장 중요한 일 가운데 한 가지는 마음이 맞는 사람들로부터 아이디어를 얻는 것이다.

　당신이 웹으로 불러올 수 있는 친구들이 많든 아니면 직장에 다니면서 여가 시간을 이용하여 무엇인가를 시작하고 싶어하든 마찬가지이다. 독립적으로 시작해 보겠다는 결심을 했다면, 이 사실을 당신이 알고 있는 모든 사람들에게 알려라. 그렇게 하면 사람들은 당신의 사업진행 과정에 대해 관심을 갖게 되기 때문에, 당신은 스스로에 대해 책임감을 느끼게 될 것이다.

지금 인터넷 창업 열풍이 강하게 불고 있다. 평생직장의 개념이 사라져 감에 따라, 자기 사업을 하는 것이 하나의 추세가 되고 있다. 향후 50년 동안의 경향을 예측해 볼 때, 발달된 사회일수록 고령화 인구를 부양하거나 현재 수준으로 복지 프로그램을 운용하기가 점차 어려워질 것이다. 그러므로 앞으로는 다른 어느 때보다도 자신의 일과 재정 상태에 대해 완벽하게 책임질 준비를 해야 한다.

현재 당신이 어떤 종류의 나무를 심을 수 있는지 그것을 어디에 심을 수 있는지 생각해 보라. 비즈니스의 성공이 변화하는 시간 속에서 당신의 인생을 안전하게 유지하도록 도와 줄 것이다.

4장

3차원 세계, 웹

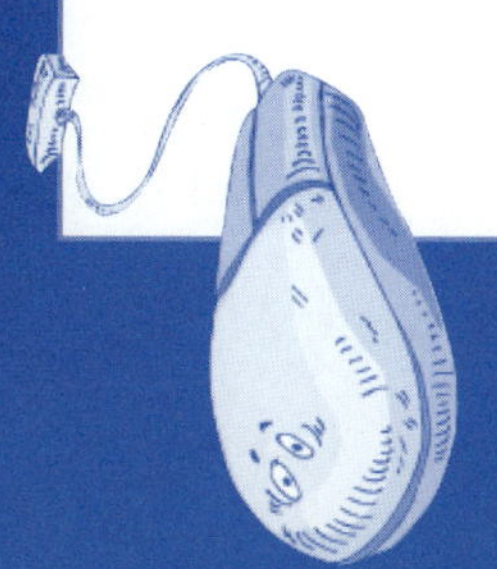

부자들은 돈을 벌기 위해 일하지 않는다. 그들은 자신의 시간을 효과적으로 활용할 수 있는 곳에 자신이 존재한다는 것을 알고 있다. 과거 수세기 동안, 지주계급은 주로 농장과 농장에서 일하는 소작인들을 관리하는 데 시간을 보냈다. 그들은 소작인들의 피땀 어린 노력으로부터 거대한 부를 축적했다. 그러나 정보화 시대가 되면서 기술은 부와 권력을 선택된 소수로부터 대중의 수중으로 분산하는 기능을 하고 있다. 보통 사람들의 기술이 세상을 개선시킨 것이다.

세상에는 자신들의 시간을 효과적으로 투자할 줄 아는 사람들이 많다. 부자들은 그들이 돈을 벌기 위해 일하기보다는 돈이 자신들을 위해 일하도록 만들었다. 그리고 이런 일들은 보통 사람들에게는 꿈만 같던 일이었지만, 인터넷의 출현으로 인해 이루어지기 시작했다.

27살의 젊은이가 백만장자가 된 것이다. 인터넷은 그들에게 주요한 국제시장에 접속할 수 있는 발판이 되었다. 인터넷 성공 스토리 너머에 있는 사람들은 자신들의 시간을 투자하고 그 투자로부터 몇 배의 수익성을 만들어 낼 수 있는 수단을 발견한 것이다.

당신의 시간당 임금이 얼마나 높든 혹은 개인적으로 얼마나 열심히 일하든, 하루에는 하루만큼의 시간만이 존재한다. 부지런히 일만 한다면 경제적으로 유복해지기는 하겠지만 부자가 될 수는 없다. 부자가 되기 위해서는 그만큼의 투자가 필요하다. 그렇다면 '부지런히 일하는 것이 투자가 아니란 말인가?' 라고 의문이 들 수 있다. 만약 당신이 일을 하지만 미래의 가치를 창조하지 못한 채 끝마친면, 그것은 단순히 일일 뿐이다. 더욱 많은 가치를 계속해서 만들 수 있는 무엇인가를 위해 창조할 때 당신은 투자를 한 것이다. 그러므로 더욱 많은 가치를 창조할 수 있게 노력해야 한다.

이번에 우리가 만날 50대의 대학 강사인 제니스는 여가 시간을 이용하여 투자를 했다. 아름다운 장미정원에 둘러싸인 별스러워 보이는 그녀의 영국식 집이 웹에서 가장 인기 있는 뉴스 사이트 가운데 하나라는 사실은 믿기 힘들다. 하지만 바로 이 곳에서 제니스의 이야기가 펼쳐진다.

1년을 하루같이, 소일거리로 가꾸는 조그만 텃밭을 바라보면서, 그녀는 인터넷 서핑을 통해 문학비평, 세상사는 이야기, 재미있는 풍자 등 온갖 글을 모아서 그녀의 사이트에 올렸다. 이렇게 하는 동안 흥미나 자극 때로는 아이디어를 줄 수 있는 뉴스와 의견을 찾아서 사이트를 방문하는 단골 방문객을 형성하게 되었다.

제니스가 자신의 사이트를 읽지 않고는 배길 수 없는 내용들로 가득 채워 나갈수록, 그녀의 작은 사이트는 방문자들에게 더 큰 가치를 가져다주었다. 그러자 자연스럽게 이 사이트를 방문한 사람들로부터 이 곳에는 상당히 유용한 정보가 많다는 소문이 퍼져서 더 많은 방문객을 불러모을 수 있었다. 그녀가 수집한 글들은 어느 순간 무료함에 젖어 있거나 답답함을 느끼고 있던 사람들에게 불현듯 웃음을 터뜨리고 미소를 짓게 하고 때로는 창조적인 영감이 섬광처럼 스쳐지나가도록 만들었다.

일단 사이트가 개설되고 운영되기 시작하자, 사이트 관리에 들어가는 시간이 하루에 몇 시간으로 줄었다. 확립된 기존의 독자층에다가, 1999년 겨울 내내 이루어진 준비과정을 거쳐 그녀의 사이트는 이윤을 창출하는 투자로써 확실히 자리를 잡게 되었다. 그녀는 자신의 사이트에 백만 달러의 자금을 더 투자했다. 그리고 현재는 이 돈으로 몇 명의 편집자를 고용하고 자신은 편집 책임자로 단골 방문객들에게 더 많은 정보를 주기 위해 열심히 일하고 있다.

5년 전만 해도, 제니스의 웹 비즈니스는 완전히 불가능했다. 책상과 프린터만을 갖추고 세계 곳곳에 사무실을 마련해 놓고 운영한다는 것은 학교에서 받는 강의료로는 어림도 없는 일이기 때문이다. 그렇기 때문에 그녀는 때와 장소를 잘 맞춘 행운아라고 할 수 있다. 여기에서 중요한 원칙은 한 사람이 개인적으로 획득할 수 있는 가치를 더욱 증대시키기 위해 자신의 시간을 사용한다는 것이다. 변화가 잦은 순간적인 세계에서 지속적인 가치를 지닌 무엇인가를 창조하기 위해서는 비전과 끈기가 있어야 하며, 여기에는 엄청난 만족이 따라온다.

정보화 시대에서는 아이디어가 곧 힘이다. 아이디어는 유행을 창조하고, 기쁨과 오락, 더 나아가 궁극적으로 부를 창출한다. 성공한 사람들은 본능적으로 아이디어의 힘을 알고 있다. 그들은 자신들의 믿음 대로 노력하고 거듭되는 실패에 부딪혀도 꾸준히 그것을 추구한다.

여러 해 동안, 나에게는 많은 기회가 있었음에도 불구하고 시간을 제대로 활용하지 못해 성과를 올리지 못했다. 지난 시간을 되돌아보면서 무조건 일만 하지 않고 내게 주어진 시간을 효율적으로 잘 관리하고 다른 사람의 시간이 내게 도움이 될 수 있도록 했더라면, 훨씬 더 많은 것을 얻었을 것이라는 생각이 들었다.

이제는 하루에 12시간씩 일하지 않는다. 그러다 보니 독서와 산책, 그리고 가까운 사람들과 시간을 보내면서, 창조와 동기를 느끼고 있다. 다시 꿈꾸고, 생각하고 그리고 계획을 세울 수 있는 시간이 생긴 것이다.

창조적으로 될 수 있는 시간이 열림으로써, 어느 날 문득 고객에게 더 나은 것을 제공할 수 있는 새로운 통찰력을 발견하게 되었고, 그것을 필요로 하는 사람들을 위해 일하게 되었으며, 적은 시간을 일하고 더욱 많은 것을 얻게 되었다. 내가 좀더 일찍 이 간단한 원리를 배우고 적용할 수만 있었어도, 훨씬 이전에 노를 젓는 보트를 떠나 쾌속정에 옮겨 탈 수 있었을 것이다.

시간의 효율성은 당신 혼자 해야 할 일들을 다른 사람이나 과학기술에 일임함으로써 가능하다. 인터넷은 신용카드 결제에서 자동적인 반복 주문에 이르는 기능을 수행하고 제어할 수 있는 과학기술이다. 이 기술을 통해 과정의 자동화가 가능하고, 이로 인해 시간과 노력이 절감되는 것은 당연한 일이다.

이제 당신은 지금까지 한두 가지 아이디어를 웹에서 시도해 보고 싶어 몸이 근질거릴 것이다. 이런 당신의 다음 단계는 관련된 비즈니스 과정을 가시화하고 이것들을 어떻게 자동화할 것인가를 생각하는 것이다. 생각을 할 때는 가능한 모든 것을 가정하는 것이 바람직하다. 인내심을 가지고 생각하다 보면 기발한 생각이 종종 떠오르기 때문이다.

비즈니스 아이디어가 끊임없이 떠오르고, 머릿속에 떠오르는 일들을 처리하기 위해 어떤 일이든 해야 한다고 가정하자. 이제 그것을 다른 사람에게 위탁할 것인가 아니면 기술의 힘을 빌려 이 일을 처리할 것인가 그리고 어떻게 하면 더 많은 이윤을 얻을 수 있을 것인가를 생각해야 한다. 시간을 효율적으로 이용한다면, 당신은 증가하는 업무량을 충분히 제어할 수 있다. 어쩌면 여기저기에 이상한 마개를 부착하거나 불완전한 밸브를 설치해야 할지도 모르지만 말이다.

어떤 일이든 새로운 시작에는 노력이 필요하다. 만약 안전하다고 생각되는 항구에 머무르기만 한다면 발전이 없다. 어쩌면 물 속에 가라앉을지도 모르지만 새로운 시작을 위해 도전하고 노력한다면 성공의 길은 열릴 것이다.

친구 한 명이 의류사업으로 온라인과 오프라인 시장의 틈새를 파고들 수 있을 만한 비즈니스 아이디어를 구상하기 시작한 뒤 어머니에게 자신의 생각을 이야기했다. 그러자 어머니는 "너는 옷에 대해 아무 것도 모르지 않니. 게다가 옷 입는 감각도 없고, 이 일은 안 될게 뻔해. 아예 손도 대지 마라."라고 말했다. 다행히도 내 친구는 어머니의 생각이 잘못되었다는 것을 입증할 만한 의지를 가지고 있었다.

나도 웹 비즈니스를 시작할 무렵, 다른 사람들의 부정적인 반응에 자주 부딪히곤 했었다. 사람들은 '.com' 이라면 온종일 들어앉아 일하는 특별한 사무실, 그리고 자금을 쏟아 붙기만 할 뿐 돈은 벌리지 않는 그런 것으로 생각하기도 한다. 당신이 집에서 일한다고 말하면, 사람들은 그렇게 해서 무슨 큰 돈을 벌 수 있겠는가 하고 여기는 것처럼 말이다.

그러나 이런 시선에 조금도 기죽을 필요가 없다. 많은 노련한 인터넷 사업가들은 이런 무지 너머에 엄청난 돈의 흐름이 숨겨져 있다는 사실에 오히려 흐뭇해하고 있다.

단순하지만 부정할 수 없는 진실은 지식의 파도가 우리를 덮쳐 왔으며, 앞으로 우리가 일하고, 돈을 벌며 살아가는 모든 방면에 영향을 미치게 될 것이라는 점이다. 미래의 부는 바다나 육지 혹은 공장의 물품 생산으로부터 창출되기보다는 우리의 머릿속에 든 반짝이는 아이디어로부터 나올 것이다.

디지털의 충격이 세상을 둘로 나누는 것을 바라보는 것은 감탄할 만한 경험이다. 온라인 세상은 점차 앞선 세상의 정보에 링크되고 있다. 오프라인 세상은 이미 존재하고 있고 사라져 버린 것들 속에 갇혀 있다. 지식경제에 링크한 세대들이 새로운 실질적인 귀족계급으로 부상하고 있는 세상에서 하나의 유행이 형성되고 있다. 그들은 링크하지 못한 세대들에게 자신들의 잔디를 깎는 일, 정원을 다듬는 일, 집을 청소하고 쓰레기를 버리는 일을 해 달라고 부탁한다.

부의 새로운 흐름은 땅이나 부동산보다는 끊임없이 흐르는 지식의 파도 가까이에서 요동친다. 새로운 매개체가 세계시장에 봉사하기 위해 모습을 드러내고 있다. 그것을 부여잡는 사람도 있을 것이고 스쳐 지나가는 것을 지켜보는 사람도 있을 것이다.

웹 비즈니스에서 성공하기 위해서는 다른 사람보다 한발 앞서서 추진할 수 있는 결단력이 있어야 한다. 성공을 위해 가정을 위태롭게 할 필요는 없지만, 실패할 각오는 해야 한다. 당신을 지지해 주는 긍정적인 사람들이 있는 반면에, 당신의 노력을 조소하고 회의적인 눈으로 보는 사람들이 더 많을 것이기 때문이다. 때로 그런 사람들이 당신과 가장 가까운 사람들인 경우도 있다. 주변 사람들의 말에 필요 이상으로 귀기울이지는 마라. 성공의 꿈을 이루기 위해서는 자신의 굳은 의지와 노력이 필요하다. 노력의 결과로 돈이 흘러들기 시작하면 더 많은 일을 할 수 있고, 더 많은 곳에 갈 수 있으며, 더 큰 자유와 안정을 누릴 수 있다. 인생이 바뀌는 것이다.

인터넷을 통해 당신의 시간을 효과적으로 활용한다면, 실제로 돈을 벌어들이는 것뿐 아니라 그것을 저축함으로써 돈을 버는 기회도 발견하게 될 것이다. 인터넷을 검색하여 최적의 장소, 최고 저렴한 가격 혹은 최적의 조건을 갖춘 사람들을 찾아낼 수 있다.

나는 여행을 좋아하는데, 주로 인터넷을 이용해 별 세 개짜리 가격으로 별 다섯 개짜리 특급호텔을 예약하고, 여행 사이트를 통해 가장 저렴한 가격으로 항공권을 예약한다. 또 실행에 옮기기에는 비용이 너무 많이 들거나 솔직히 불가능한 계획을 마음속으로 꿈꾸는 때가 가끔 있는데, 이때 나는 웹을 검색하곤 한다. 그 곳에는 분명 그 일을 해낸 누군가가 있을 것이고, 어떻게 해야 하는지 방법을 보여 줄 사이트가 모여 있기 때문이다.

 나는 몇 달러에 다섯 여섯 권의 책을 살 수 있는 도서할인 시간을 놓치지 않는다. 어렸을 때 〈틴틴의 모험〉이라는 책의 열렬한 팬이었는데, 이것은 어린 탐정이 주인공으로 등장하는 유럽 만화였다. 최근에 헌책방에서 이 책들을 1달러에 구입했다. 비록 1달러라는 적은 액수였지만 즐거움과 향수로 환산한다면 수천 달러의 가치가 있는 보물을 손에 넣은 것이다.

어떤 것이 사람들에게 얼마나 가치가 있는가는 개인마다 다르다. 그러나 누구에게나 가치 있는 일은 삶을 계획하는 것이며, 더 적게 일하고 더 많이 유희하는 것이다. 결국 인생은 유희를 위한 것이다.

시간을 효율적으로 이용하는 방법은 여유 있으면서도 날카로운 정신을 다듬는데 있다. 이것은 늘 창조적으로 사고하려고 노력하고, 재미있으면서도 정신적으로 자신을 성장시켜 주는 일들을 할 수 있는 기회를 자기 것으로 만드는 과정에서 얻어진다.

대학을 졸업한 직후, 나는 잠시 동안 일본 간사이 지방에 머물렀던 적이 있었다. 그때 아주 멋진 가족을 만났다. 일본은 땅값이 비싸기 때문에 도심에서 어느 정도 작은 마당이 있는 집을 소유하는 것은 호사스럽게 여겨지기도 했다. 하리마 씨의 집 뒤에는 온통 대나무로 덮인 언덕이 있었다. 너구리들이 덤불 속에서 몰래 기어 나와 집 뒤편에 있는 쓰레기통에서 음식찌꺼기를 뒤지곤 했다. 쌀쌀하면서도 청명한 교토의 겨울, 나뭇잎이 붉게 물드는 가을 그리고 벚꽃이 흐드러지게 피어나는 봄, 뒷마당의 풍경은 평화롭고 아름답기 그지없었다.

일을 마치고 돌아오면, 하리마 씨는 가끔 뒷마당으로 나가서 분재를 심거나 작은 언덕을 오르곤 했다. 나중에 이에 관해 그에게 물어 본 적이 있었는데, 그는 이 시간이 그에게는 유희의 시간이자 휴식의 시간이며, 유쾌하지만 혼란스러운 가능성들로 가득한 세상과 춤을 추는 시간이라고 대답했다. (그의 영어도 나의 일본어도 모두 어눌했기 때문에, 그가 일본어로 설명하는 것들을 사전에서 하나하나 찾아가며 이해해야 했다.) 그것은 그에게 있어 창조적인 여행의 시간이었다. 더 많이 웃고, 더 많이 읽고, 더 많이 여행하면 언제 다가올지 모를 불규칙한 변화들에 직면할 준비를 할 수 있다. 다른 사람들이 생각하지 못하는 것을 생각하는 재미를 누리고, 다른 사람들이 보지 못하는 것을 볼 수 있는 여유롭고 예리한 정신을 소유할 수 있는 것이다.

언제나 우리가 갖고 있어야 할 것은 '추진력', '불같은 열정' 그리고 길어 올릴 수 있는 '동기의 샘'이다. 피로에 지치도록 일하고, 시간이 나면 TV시트콤을 보며 하릴없이 쉬는 것에 자기 만족을 느끼고 안도하는 사람들이 많다. 크게 힘들 것 없는 수월한 인생에 젖어 들어 티스푼으로 나날을 저울질하기는 쉽다. 이런 삶이 행복하기만 하다면 물론 나쁠 것은 없다.

그러나 이 책은 새로운 것을 시도하고자 하는 열정 가득한 사람들과 자기 자신과 기회를 발전시키고자 하는 사람들을 위해 쓰여졌다. 그것을 얻기 위해서는 기꺼이 노력을 기울일 만한 무엇인가가 있어야 한다. 자신이 원하는 것이 무엇인지 분명히 알아야 하고 거기에 열정이 있어야만 고통은 줄어들고 기쁨은 커지게 된다.

처음에는 쉽게 눈에 보이지 않는 보다 높은 곳에서 생각하라. 어떤 종류의 일, 환경 그리고 생활방식을 통해 이것을 성취할 것인지, 그것은 어떤 느낌일지 생각해 보라. 당신과 당신의 가족이 오랜 기간 추구하며 나아가고자 하는 목표의 최종 기착점에서 하루를 보내보고, 그것을 다른 사람들에게 말하라. 다음 해에 집을 사고 싶다면, 주위 사람들에게 말하라. 그러면 이에 대한 확신과 책임 의식을 갖게 될 것이다.

또 다른 나의 친구는 적어도 한 달에 한 번 정도 이메일을 주고받는 대여섯 명의 조언자들이 있다. 그는 자기가 좋아하고 신뢰하는 사람들을 자신의 조언자로 선택했다. 그의 조언자들 가운데 한 명인 나는 그가 나를 그렇게 생각해 주는 것에 뿌듯함을 느끼고, 그의 탐험과 모험에 관한 얘기를 몹시 듣고 싶어하며, 가능한 어디에서든 도움을 줄수 있기를 바란다.

이런 관계는 동기와 추진력에 커다란 차이를 가져온다. 우리가 삶을 지원하고 지지할 때 살아가는 일이 더 힘차고 즐거워지기 때문이다. 비즈니스를 하는 과정에서, 무엇보다 가장 어려운 점은 팀을 이루거나 조언자와의 관계를 형성하는 것이다. 스스로 새로운 일을 시작하는 것은 순전히 자신의 결정에 따라 혼자 외롭게 걸어가는 것과 같다. 그 길에서 당신을 도와 줄 수 있는 사람들을 찾는다면 상황은 훨씬 좋아진다.

비즈니스에 있어 팀은 함께 일하는 파트너, 계약관계에 있는 사람들 혹은 조언자들로 구성될 수 있다. 혼자 힘으로 성공하는 사람들이 있기는 하지만, 우리들 대부분은 다른 사람들로 둘러싸여 있고, 다른 사람들로부터 불현듯 아이디어를 얻고, 다른 사람들에 의해 인식된다.

새로운 일을 시작하겠다는 신념에 차 있을 때, 다른 사람들의 지지와 뒷받침으로부터 격려된다면 필요한 것을 못 보고 지나치게 되는 경우가 많이 생긴다. 그러므로 당신이 하고 있는 일이 무엇인지 이해하고 있는 사람들의 아이디어와 조언을 듣는 것은 성공을 위한 매우 중요한 요건이다.

구할 수 있는 모든 도움과 조언을 구하라. 그러면 성공한다. 당신이 어떤 사람인가에 관심이 있는 사람들을 파악하라. 새로운 것을 시도하려고 할 때, 당신의 계획을 다른 사람들에게 이야기하여 그들을 당신의 계획 속으로 끌어들여라. 팀이 될 수 있는 사람을 찾는 것이다. 손에 넣을 수 있는 모든 것을 읽고 미지의 바다로 나가는 것을 두려워하지 마라. 어떤 보물이 당신을 기다리고 있는지 알 수 없다.

성공의 나무를 심고 다른 사람들의 지지와 애정으로 나무에 물을 주고, 그들을 격려하라. 그러면 그들도 당신을 격려해 줄 것이다. 클릭으로 당신도 부자가 될 수 있다. 하지만 그 모든 것을 혼자 하겠다는 생각은 버려라.

5장

나의 아름다운 웹 사이트 I

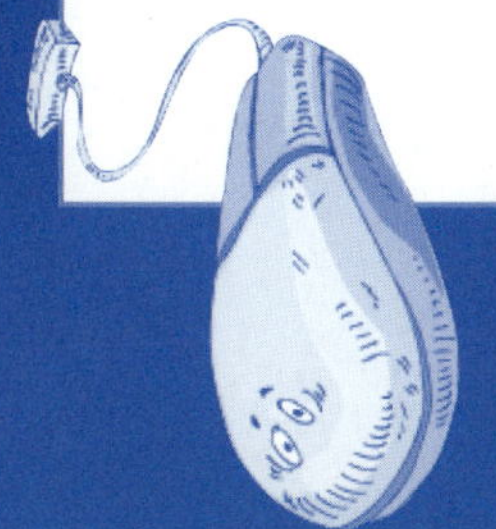

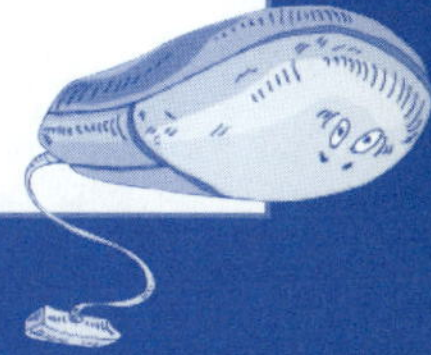

내가 좋아하고 자주 들르는 가게가 몇 곳 있다. 나는 이 곳을 다른 사람들에게 추천하기도 하며 나 또한 물건을 꾸준히 구매해 오고 있다. 이유는 품질이 좋기도 하지만 색다르면서 돌아보는 재미도 주는 곳이기 때문이다.

그 중 한 곳은 최고의 케이크와 도넛을 만드는 제과점이다. 이 제과점은 늘 사람들로 붐비는데, 특히 적당히 두루뭉실한 몸집의 중년 아주머니들로 가득하다. 다른 한 곳은 비디오 가게인데, 항상 전세계의 최신 뉴스들을 제공해 준다. 한밤중에 비디오를 반납하러 오는 손님들을 위해서 신기하게 생긴 반납기도 설치되어 있다. 그리고 그냥 마시기에는 너무나 맛이 진해서 스푼으로 떠먹어야 하는 이탈리안 핫초콜릿을 파는 깔끔한 초콜릿 가게도 있다. 또 기분 좋은 저녁식사를 즐길 수 있는 레스토랑이 있다. 이 곳에 들어가기 전에 손님들은 성당의 종소리가 나는 벨을 누른다. 실내에는 온통 하얀색 린넨 식탁보가 깔려 있고, 윤이 흐르는 은그릇과 먹음직스럽게 조리된 각종 야채를 보기 좋게 나눠 담은 커다란 접시들이 탁자에 정갈하게 놓여 있다.

이 가게들의 공통점은 눈으로 보는 즐거움, 느낌, 맛 그리고 친절한 서비스가 한 곳에 모여 있다는 것이다. 당신을 위해 봉사하고 당신의 삶에 큰 기쁨을 더해 주는 곳들에 관해 잠시 생각해 보라.

온라인은 위와 같은 오프라인 가게와는 분명 다르다. 내가 매일 들르는 뉴스 사이트가 있는데, 전세계의 뉴스를 간략하게 제공해 주면서 읽는 재미도 있는 사이트이다. 또 책을 사고, 음악을 듣고, 영화 예고편을 소개하고, 생활용품을 판매하고, 자동차 시험운전을 실시하고, 조건이 가장 좋은 대출상품을 가르쳐 주고, 회사 로고를 디자인 할 전문가를 찾을 수 있는 다양한 쇼핑 사이트들이 있다.

웹을 검색하다 보면, 자신이 '가장 좋아하는' 사이트들을 발견하게 된다. 아마 미래에는 인터넷 브라우저의 '가장 좋아하는' 사이트 목록이 사람들의 취향에 가장 큰 영향을 미치게 될 것이다. 어쩌면 미래에는 '가장 좋아하는 사이트에 어떤 목록이 올라와 있는가'에 따라 새로운 사람을 만나는 자리에서 뛰어난 사교 능력을 발휘하는 사람이 될 수 있는

지의 여부가 결정될지도 모른다.

당신의 목적은 사람들이 많은 유익을 얻을 수 있는 사이트를 만들고, 그들로 하여금 당신의 사이트를 즐겨 찾기 목록에 추가하고 싶도록 만드는 것이다.

내 사이트의 고객들은 자신들이 불가능하다고 생각했던 것을 가능한 것으로 만들어 준 일에 대해 큰 고마움을 느낀다고 늘 말한다. 비즈니스 계획을 세우거나 마케팅 전략을 수립하거나 또는 전세계의 사람들을 대상으로 웹 사이트를 구축할 때, 나는 다른 사람들의 사업과 삶을 이전과는 다른 모습으로 바꿔 놓을 수 있다는 생각에 커다란 기쁨을 느낀다.

앞에서 우리는 자신의 관심, 열정 혹은 기존의 비즈니스를 한층 더 일깨우는 것에 관해서 그리고 그것을 웹으로 옮겨 오는 것에 관해서 이야기했다. 그리고 시간을 효율적으로 이용하고 수입과 인생을 풍요롭게 하는 힘에 관해 이야기했다.

최근에 실시한 기업가들에 관한 연구에 따르면, 가장 성공한 기업가들은 계획을 수립하는 일에는 거의 시간을 들이지 않으며, 창의적인 아이디어의 힘을 시장에서 실행하기 위해 무제한적인 행동력을 보인다고 한다. 웹 비즈니스의 장점은 낮 동안에 다른 직업을 가질 수 있고, 자본을 거의 들이지 않고도 꽃을 피울 수 있는 무엇인가를 심을 수 있다는 것이다.

우리는 두 가지 다른 종류의 비즈니스의 시작을 따라가 보려고 한다. 하나는 '클릭만으로' 이고, 다른 하나는 '벽돌&클릭' 이다. 링크된 웹이 바뀔 수는 있겠지만, 이것은 내가 독자에게 보여 주고 싶은 접근법이며, 당신이 클릭으로 부자가 될 수 있도록 뒷받침해 줄 접근법이기도 하다.

1. 웹으로 시작하라 : '클릭만으로' 모델

    제인의 사이트 메인 화면에는 대개 멋진 남자의 사진이 깔려 있고, 아주 흥미진진한 사진 과제들이 띄워져 있다. 그녀는 사이트를 운영하기 전까지는 파파라치가 되어 덤불 속에 숨어 로비 윌리엄스의 스냅사진을 찍거나, 일요신문에 게재할 비키니 모델들의 사진을 찍거나 아니면 웨딩사진을 촬영하는 일을 도왔었다.

    대학에서 사진학과를 졸업한지 얼마 되지 않았고 경험도 많지 않았기 때문에, 때로 일이 힘겹게 여겨질 때도 있었다. 풋내기 사진작가인 그녀에게 돈을 버는 일은 결코 쉽지 않았다. 그럼에도 그녀는 사치스런 취향 탓에 멋진 교외지역의 근사한 빌라와 눈에 띄는 의상 그리고 영감이 넘치는 작업실을 몰래 기어 들어오는 샴고양이가 반드시 있어야 했다.

    그러던 어느 날, 그녀는 사진 장비를 구입하느라 저축한 돈과 집을 떠날 때 부모님이 주신 돈을 모두 써 버렸기 때문에 일자리를 찾아야만 했다. 이 과정에서 더욱 힘들었던 것은 비용을 형편없이 낮추면서까지 일을 하겠다고 나서는 다른 젊은 사진작가들과의 치열한 경쟁이었다. 제인은 집세와 생활비를 스스로 충당하느라 미래를 위해 저축을 할 여유 같은 것은 없었다. 그녀는 피우던 담배마저 끊고 일에 매달려야 했지만, 금요일이면 친구들과 어울리는 술자리만은 포기하지 않았다. 그녀는 언젠가 반드시 수입을 늘일 수 있는 어떤 일을 해야 한다는 것을 알고 있었다.

그런 그녀에게 적어도 한 가지 기분 좋은 예감을 주는 일이 있었다. 몇 개월 전 클럽에서 도미닉을 만난 일이었다. 그를 만나고 일이 썩 잘 풀려 갔다. 그는 외국인이었고, 그녀보다 나이가 10살 많았으며, 그녀가 매우 좋아하는 억양을 가진 사람이었다. 무엇보다 좋은 것은 그녀에게 도움이 될 수 있는 일을 진심으로 하고 싶어한다는 것이었다.

두 사람이 처음 만났을 때 스스로 시작할 수 있도록 격려를 아끼지 않은 사람이 바로 그였다. "다른 사람들을 위해 일해서는 절대 돈을 벌 수 없어요. 당신에게는 자기 일을 할 수 있는 능력이 충분히 있어요." 그가 말했다. 그의 말에 자극을 받은 그녀는 용기를 얻었다. 일단 머릿속에 아이디어가 떠오르자 그녀는 거침이 없었다. 그녀의 잠재된 열망은 마치 코뿔소와도 같았다.

그녀의 아이디어는 간단했다. 사진기술을 이용한 인쇄술을 만들어 여기에 유머나 영감을 줄 수 있는 문구를 알맞게 배합하여 독특한 작품을 만들고, 이것을 사무실과 가정의 벽에 장식함으로써 생활에 생기와 기쁨을 불어넣는다는 것이었다. 그 외에 달력이나 카드에도 이용할 수도 있었다. 그녀의 작품은 렘브란트의 그림에서 느낄 수 있는 아름다움이 넘쳐 났다. 그녀는 훌륭한 사진작가였고, 시각적인 결과물로 나타날 수 있는 다양한 주제들을 선택해 조화시키는 데 뛰어났다.

사진을 찍고 인쇄물을 만드는 일은 쉬웠다. 그녀에게는 전문사진 장비가 있었고, 현재 작은 인쇄공장을 경영하고 있는 도미닉의 도움에 힘입어 일은 순조롭게 진행되었다. 하지만 판매는 그렇지 않았다. 제인은 어디서 시작해야 할지 몰랐다. 시장은 붙잡을 것이라곤 하나 없는 바람 부는 들판 같았다.

그러던 어느 날 밤 술을 마시면서 제인은 캐롤라인에게 자신의 사업 구상을 이야기했다. 학교 동창인 캐롤라인은 은행의 웹 디자이너로 일하고 있었고, 그녀는 온라인으로 판매하면 어떻겠느냐고 제안했다. 제인은 웃으면서 콜라를 탄 럼주를 마셨다. 그렇다. 그녀는 록 스타 사진을 찍고, 마티니를 만들고, 프랑스풍으로 매니큐어를 칠하고, 언제든 마음만 먹으면 그녀를 쳐다보는 잘 생긴 남자들을 애인으로 만들 수도 있었다.

그런데 웹 사이트라니? 제인에게 있어 온라인은 낯설고 별로 내키지 않는 곳이었다. 하지만 도미닉은 캐롤라인의 제안에 찬성했고, 그 다음 날 자신이 사용하지 않는 노트북 컴퓨터를 들고 나타났다. 제인도 찬성할 수밖에 없는 상황이 된 것이다. 그래서 하는 수 없이 인터넷 전용선을 설치하기 위해 전화국에 연락했다.

그 다음 금요일까지 캐롤라인은 이틀에 한 번씩 밤을 새며 작업을 했다. 제인은 오전에는 학교에 가서 사진 과제물을 제출하고, 오후에는 집으로 돌아와 컴퓨터 앞에 앉아 일을 했다. 캐롤라인이 여러 부문에 대해 설명을 해 주었다. 시간이 지날수록 제인은 자료를 찾기 위해 인터넷 서핑을 하는 일이 무척 재미있다는 것을 알게 되었다. 또 프런트 페이지의 디자인이 웹의 첫 인상에 중요한 영향을 미친다는 것도 알게 되었다. 곧 제인은 스스로 인터넷 마니아라고 말할 정도로 웹에 정신을 빼앗겼다.

그녀의 첫 사이트는 간단하면서도 실용성 위주의 사이트였다. 그녀와 도미닉이 관리하기에 별로 어렵지도 않았고, 여행하기 좋은 곳을 소개하는 내용도 있었다. 그녀는 무료로 웹 계정을 관리해 주는 호스트를 찾아냈고, 배너 광고를 띄워 주는 대가로 무료로 사이트 계정도 받았다.

캐롤라인은 제인의 첫 사이트가 처음치고는 꽤 괜찮다고 생각했다. 제인의 남자 친구이기는 했지만, 잘 생긴 도미닉의 사진도 사이트 방문객 숫자를 증가시키는 데 한 몫을 했다. 얼마 지나지 않아 제인은 더 많은 성과를 볼 수 있게 되었다.

그 주 금요일, 제인과 도미닉은 독립된 사이트를 만들기 위해 캐롤라인과 그녀의 멋진 남자친구인 크리스와 함께 이야기를 했다. 제인은 어떤 이름으로 등록하면 좋을지 조언을 구하면서도, 해외에서도 판매될 수 있기를 바랐기 때문에 할 수만 있다면 '.com' 이름을 원했다. 자연히 익숙한 많은 이름들이 거론되었지만, 네트워크 솔루션(NetworkSolution, 미국에 있는 도메인 등록업체)으로부터 사용 가능성 여부를 확인하고, 기타 조언을 받아서 그녀는 사용 가능한 이름 목록을 만들었다.

1. arttomb.com

2. wallshoot.com

3. wallmaker.com

4. moodshots.com

5. lifeexposure.com

6. gallery66.net

7. photoarts.net

8. photofeel.biz

9. reellife.biz

캐롤라인도 '.com' 이름으로 가는 것이 가장 좋겠다고 생각했다. 이것은 비즈니스를 하는 웹 사이트들이 전통적으로 사용하는 형태라는 것이 이유였다. '.net'은 사이트가 네트워크이고, '.biz'는 비즈니스를 목적으로 하는 것으로 생긴지 얼마 되지 않았다는 것을 뜻했다. 또 캐롤라인은 이름은 짧을수록 좋다고 판단하고 'arttomb'를 마음에 들어 했다.

크리스는 아마 캐롤라인의 의견에 무조건 동의하기 위해 그렇게 말하는 것 같기는 했지만, 자기도 'arttomb'가 가장 마음에 든다고 밝혔다. 제인은 독특한 의미 때문에 'lifeexposure' 편을 들었고, 도미닉은 'wallshoot'을 선택했다. 월스트리트Wall Street와 포토슛Photo Shoot을 혼합한 말처럼 보여서 아주 세련되어 보인다는 것이었다. 열띤 토론 끝에, 제인은 백화점도 세일 기간만 활용하는 그녀답게 특별 할인 가격에 1년 동안 이름을 등록하게 되었다.

제인은 판매 가능한 수백 점의 사진 이미지를 가지고 있었기 때문에, 고객들이 원하면 얼마든지 프린트, 포스터 그리고 카드로 인쇄할 수 있었다. 작품의 무게가 비교적 가벼워서 해외로 판매하기에 용이하다는 점을 널리 알리는 데 웹 사이트가 아주 유용했다. 항공운송을 이용할 것인가 아니면 해상운송을 이용할 것인가는 고객이 결정했다. 이제는 그녀의 사이트를 디자인할 때였다.

그녀는 난생 처음으로 컴퓨터 장비들을 구입하고 사진 이미지를 스캔받았다. 홈페이지를 디자인하는 일은 상대적으로 쉬웠다. 그래픽 디자이너로 일하는 친구 웬디의 도움을 받아 시선을 사로잡을 수 있는 로고와 독특한 클릭 버튼들을 정했다. 제인은 여러 차례의 시행착오를 통해 웹 사이트 디자인에 대해 많은 것을 알게 되었고, 사이트를 관리하는 데 많은 시간을 보냈다. 그녀는 art.com을 좋아했지만 할 수만 있다면 좀 더 개성 있는 무엇인가를 하고 싶어했다.

그녀는 tommy.com, redenvelope.com 그리고 lastminute.com과 같은 사이트 스타일을 무척 마음에 들어 했다. 웹 디자인과 자료로 올리는 사진을 이용해서 자신만의 독특하고 특별한 웹 사이트를 만들겠다는 결심을 했다. 이를 통해 방문객들이 다시 방문할 수 있도록 만들고, 자신의 친구들에게 입소문을 낼 수 있도록 만들 수 있기 때문이었다.

사이트는 이미지 스튜디오의 분위기로 디자인되었다. 첫 페이지부터 방문객들은 제인이 선보이는 뛰어난 작품들을 감상할 수 있었다. 그리고 메뉴에서 자신이 좋아하는 스타일, 선물 아이디어 등 여러 이미지를 선택할 수 있었다.

제인은 두 단계의 쇼핑 과정을 설정하고 싶었다. 첫 단계는 고객이 사진 작품을 충분히 감상하면서도 즐겁게 검색할 수 있게 하는 것이었다. 고객이 수집한 이미지들을 전자스크랩북에 저장할 수 있게 했다. 이미지를 선택함에 있어, 고객은 '만들기 방'으로 가서 프린트, 포스터 혹은 카드에 어울리는 그림을 그리고 인용구를 넣을 것인지 말 것인지 등과 같은 이미지 결과물의 크기와 포맷을 선택하면 되었다.

　마지막 단계는 고객이 '쇼핑 바구니'에 모든 것을 담은 다음 '체크아웃'으로 가서 대금을 지불하고 우송지점을 기입하는 것이었다.

　제인은 프런트 페이지(웹 사이트 제작 프로그램)만으로는 해결할 수 없는 백엔드 프로그램(서버의 기반이 되는 프로그램)이 필요하다는 것을 깨닫게 되었다. 양방향으로 구매과정을 지원할 수 있는 프로그램이 필요했던 것이다. 그녀는 인터넷에서 정보를 찾기 시작했고, 마침내 쇼핑 카트와 안전한 신용카드 지불과 같은 이식가능성 인터넷 거래 프로그램을 갖추고 있는 웹 호스트를 찾아냈다. 이것은 신용카드 결제과정을 수동으로 처리한다는 것을 의미하지만, 그렇다 하더라도 그녀는 창업비용과 사이트 유지비용을 가능한 줄일 수 있기를 원했다.

　몇 개월이 지나자 그녀의 웹 사이트는 이제 세상으로 나갈 준비가 되었다. 웹 호스트를 통해 공간과 유저네임을 배당 받았다. 이제 그녀는 프런트 페이지에 있는 버튼을 클릭하여 웹 사이트를 띄우기만 하면 되었다. 제인은 비자, 마스터 카드 그리고 아메리칸 익스프레스 카드를 받을 수 있도록 등록했는데, 이것은 2.5%에서 4.5%의 수수료 내에서 카드 주문을 수동으로 처리할 수 있다는 것을 뜻했다.

　제인은 앞으로 들어오는 주문량에 맞추어 사람들이 좋아할 만한 많은 이미지와 프레임을 만들고, 인쇄물과 더 많은 비품을 주문해 갈 것이다.

고객들은 그녀의 안전한 서버를 통해 신용카드로 결제를 먼저 해야 하고, 제품은 고객이 선택한 우송 방법에 따라 3~10일 이내에 우송될 것이다. 그녀의 친구들은 사이트를 시운전 해 볼 준비가 되어 있었다. 그들의 작업 중인 홈페이지가 본격적으로 가동되면 더 많은 기회를 제공해 줄 것이다.

어느 따뜻한 화요일의 늦은 밤, 제인은 '시동' 버튼을 눌렀다.

2. 웹으로 가져가라 : '클릭&벽돌' 모델

힐러리는 수입이 괜찮기는 했지만 스트레스가 많았던 부동산 중개회사를 5년 전에 그만두고 자기 사업을 시작했다. 부동산 중개업 일은 그를 고갈시켰고, 치열한 회사 분위기 속에서 살아남기 위해 그로 하여금 자주 인생의 목표를 부분적으로 희생할 것을 강요했다.

어느 날 아내와 어린 아들과 함께 성당에서 미사를 드리던 도중에 그는 스스로 무엇인가를 시작해 보겠다는 결심을 했다. 오로지 많은 돈을 벌겠다는 목표 하나로 인생을 걸어온 힐러리에게 '하늘에 보물을 쌓으라.'는 그날 아침의 설교가 그의 마음에 깊이 와 닿았던 것이다. 또한 나이든 사제도 지금까지 반복되는 시도와 실수, 사랑 그리고 책임에 찬 선택으로써 자신이 택한 인생을 걸어왔을 거라는 생각이 들었다.

그는 가족을 위해 돈으로 살 수 있는 것이면 값이 얼마가 됐든 사 주고 싶어했고, 또 그래 왔다. 하지만 점차 기만에 찬 사람이 되어 가는 자기 자신을 지켜보기가 싫었다. 도심의 호화로운 값비싼 주택의 매도자와 매입자들을 소개하면서 그는 자주 '정직'이라는 외줄타기를 해야 했다. 최근 부유해진 아시아 지역의 이민자들이 들어오면서 그의 수입이 눈에 띄게 늘었지만, 자신이 성사시킨 거래에 대해 양심적인 의문이 늘 남아 있었다.

부동산 중개업을 그만 둘 때 그는 정확한 계획과 일에 대한 열정으로 새로이 시작하겠다고 결심했다. 한동안 심사숙고한 끝에 그는 이미 자기 나름대로의 아이디어를 세워 놓고 있었다. 아내 클라우디아는 사업이 자리를 잡기 전까지 한두 달 동안 아무런 수입도 없이 지내야 한다는 것을 걱정하기는 했지만, 지원을 아끼지 않았다.

만약 계획이 실패한다면, 그들은 그동안 저축했던 것을 모두 잃고, 힐러리는 부동산 중개업을 다시 해야만 할 것이다. 그런 불상사를 막기 위해 신중해야 했던 힐러리의 아이디어는 간단했다. 이전에 아무도 그 일을 생각해 내지 못했다는 것이 오히려 놀라울 정도였다. 더 굿 라이프 TGL라는 이름으로 회사와 협력하여, 회원이 되면 할인된 가격에 레스토랑에서 식사를 할 수 있는 로열티 카드 프로그램을 개발하는 것이었다.

이 일을 시작하면서 그와 클라우디아 두 사람이 호젓하게 외식을 할 수 있게 된 것은 큰 기쁨이었다. 힐러리의 어머니가 사랑해 마지않는 손자 시안을 돌봐 주고, 두 사람은 멋진 레스토랑에서 즐거운 저녁을 보낼

수 있게 되었다. 그는 그런 시간을 좋아했지만 비용이 너무나 비싸서 엄
두도 내지 못했었는데 이제는 아니다. TGL과 공동 개발한 로열티 카드
는 1인분을 주문하면 1인분을 더 제공했다.

도심에 위치한 가 볼 만한 레스토랑을 소개하고, 회원은 절반 가격으
로 이 곳에서 맛있는 식사를 할 수 있었다. 레스토랑은 광고 효과를 통
해 더 많은 손님을 유치할 수 있을 뿐 아니라, 단골 고객을 확보할 수도
있었다.

힐러리는 먹는 것을 좋아했기 때문에 외식하는 것을 좋아했다. 더욱
이 적절한 가격에 사람들에게 기쁨을 주고 레스토랑에도 고객을 늘일
수 있도록 도와 준다는 생각이 무엇보다도 그를 기쁘게 했다.

힐러리는 이곳저곳을 둘러보고 다니면서 조사하는 데 한 달을 보냈
다. 그것은 그의 생애에서 가장 힘겨운 시간 중의 한 때였다. 한 사람의
머릿속에서 나온 아직 검증되지 않은 계획에 참여하도록 레스토랑 사장
들을 설득하는 일은 결코 만만치 않았다. 무엇보다 힘들었던 일은 그의
저축이 어느새 바닥이 나고 있다는 사실이었다.

그는 스스로에게 한층 강한 확신을 주고, 더 많은 레스토랑을 찾아다
니기 위해 영업 직원을 고용하고 이를 관리하기 위해 작은 사무실도 얻
었다. 이로 인해 그의 자금 사정은 더욱 좋지 않았다. 하지만 끊임없는
텔레마케팅과 일일이 다니며 발품을 팔고, 다른 사람을 통해 간접적으

로 소개받는 등 한 곳이라도 더 계약을 맺기 위해 동분서주한 끝에 상황이 조금씩 바뀌기 시작했다. 힐러리는 이긴 싸움이라는 예감이 들었다.

5년 후, TGL은 두 도시에 사무실을 냈고, 계약을 맺은 레스토랑만도 수천 곳이 넘었다. 그것은 이미 성공적인 비즈니스였다. 그리고 많은 다른 신생 기업들과 마찬가지로 사업 확장에 박차를 가했다. 힐러리는 전 세계의 고객과 레스토랑이 더 신속하고 쉽게 회원이 될 수 있는 방법을 찾고자 했다.

힐러리는 컴퓨터와 친하지 않았다. 과거의 경험으로 인해, 그는 컴퓨터를 래브라도산 사냥개처럼 도움보다는 문제를 더 많이 일으키는 것으로 생각하고 있었다. 게다가 그는 온종일 컴퓨터 모니터를 들여다보기보다는 밖에서 사람들 만나는 것을 더 좋아했다. 그러나 클라우디아는 아들 시안을 위해 컴퓨터를 한 대 장만하고 싶어했다.

시안은 고등학교에서 컴퓨터를 사용하기 시작했고, 그녀는 집에 컴퓨터가 있으면 아들이 인터넷에 익숙해지는데 도움이 될 것이라고 생각했다. 결국 집에 컴퓨터를 들이고 인터넷의 방대한 자료를 이용하게 되자 시안의 과제 시간이 절반으로 줄어 들었다. 하지만 그때까지도 클라우디아는 매달 회계사에게 보내는 회사의 장부를 여전히 손으로 작성하고 있었다. 이런 클라우디아와 힐러리에게 인터넷을 어떻게 활용하는지 방법을 가르쳐 준 사람은 바로 시안이었다.

힐러리가 컴퓨터를 배움으로써, 고객들은 웹 사이트를 통해 레스토랑의 메뉴와 가격의 변화를 정기적으로 알 수 있게 되어 여간 편리하지 않았다. 시안은 아버지가 항상 컴퓨터를 끌어안고 있어서 인터넷을 할 수가 없다며 불평을 할 정도였다. 일주일만에 힐러리의 사무실 책상에 새 컴퓨터가 놓였고, 웹 디자이너를 찾기 위해 전화번호부를 뒤적이게 되었다.

그의 머릿속에 든 구상은 비교적 간단했다. 레스토랑들이 웹 사이트에 있는 프로그램에 가입하여 자신들의 페이지를 할당받아서, 레스토랑의 특징과 메뉴 그리고 찾아오는 방법 등 자세한 내용을 소개할 수 있게 한다는 것이었다. 또한 웹 사이트를 통해 TGL 가입 절차를 자동화함으로써, 해외 회원의 가입에 필요한 비용의 상당 부분을 줄일 수 있다고 생각했다.

고객들은 웹 사이트를 통해 다양한 메뉴를 볼 수 있고, 신용카드를 이용하여 로열티 카드를 구입할 수 있게 되는 것이다. 로열티 카드의 번호가 데이터베이스에 등록됨으로써, 이용자들은 웹 사이트로부터 곧바로 필요한 경우 인증서를 구입하여 프린트할 수 있기 때문에, 로열티 카드를 우편으로 우송할 필요도 없게 된다. 이렇게 되면 TGL은 세계시장을 대상으로 하는 마케팅에 주력할 수 있는 시스템을 마련하게 되고, 힐러리는 마음껏 신속한 비즈니스 확장에 전념할 수 있는 것이다.

다음 주, 그는 대기업의 웹 사이트 구축을 주로 하는 웹 디자인 전문업체 사람들을 만났다. 모든 것이 원하는 대로 진행되고 있었다. 다음 날 사무실로 날아든 청구서를 받아 보기 전까지만 해도 가능성은 끝이 없는 것처럼 보였다. 현재의 사업 규모로써는 도저히 감당하기 어려운 엄청난 비용의 청구서였다.

그는 일찍 집으로 돌아가서, 술을 마시며 아내와 아들이 돌아오기를 기다렸다. 저녁식사를 하면서 그는 자신이 직면한 문제를 털어놓았다. 그런데 시안은 아버지가 아무 것도 모르고 있다는 사실에 재미있어 하는 듯 했다. "아빠, 그건 온라인이 딱 이예요." 시안이 말했다. "뭐라고?" 힐러리는 아이들의 은어에 아직 익숙하지 못했다. "인터넷에서 웹 디자인을 해 주는 프리랜서들을 금방 찾을 수 있어요. 아빠가 계획하는 일의 비용이 얼마나 드는지 그 사람들한테 물어 보면 되요." 시안은 나이든 아버지에게 참을성 있게 잘 설명해 주었고, 힐러리는 기분이 좋아졌다. "저녁 먹고 나서 나한테 좀 보여 주렴." 힐러리는 아내에게 눈을 찡긋해 보이면서 말했다.

오래지 않아 힐러리는 자신이 원하는 스타일, 이미지, 설계 그리고 가능성을 정확하게 문서로 작성했다. 그는 실제로 인터넷을 잘 이해하지는 못했지만, 직접 웹을 검색하는 과정에서 자신의 회사에 무엇이 필요한지 알게 되었다. 시안은 레스토랑의 전경과 실내 분위기를 생생하게 전해 줄 수 있는 장면들을 비디오 화면처럼 지나가도록 하는 방식 등 여러 가지 아이디어를 제시했지만, 힐러리는 반드시 필요한 내용으로만 구성한다는 생각을 고수했다.

그리고 얼마 후 자신의 프로젝트를 인터넷을 통해 내보내자 몇 시간 만에 세계 각지로부터 비용 내역서와 입찰에 응하겠다는 답신이 날아들기 시작했다. 중형 BMW 가격에 버금가는 비용을 제시하며 세계시장으로의 도약을 약속하는 곳도 있었지만, 훨씬 더 저렴한 가격에 일을 하겠다는 곳도 있었다. 실용적인 스타일의 힐러리에게는 이런 곳들이 더 눈에 들어왔다.

일주일 후 그는 앞으로 지속적인 지원을 해 주겠다는 약속을 해 온 뉴질랜드의 오클랜드에 위치 해 있는 웹 디자인업체와 계약을 맺었다. 문자를 이용한 의사전달의 정확성 덕분에, 힐러리는 이메일을 통해 신속하게 상호 신뢰를 형성할 수 있었다. 그는 놀라면서도 기뻤다. 일을 맡은 디자이너가 디자인에 관한 충분한 정보를 제공해 주어 힐러리는 많은 것을 알게 되었다.

그들은 드림위버를 사용했다. 플래시 시스템을 이용하여 메인 화면을 설정하는 안이 처음에 제시되었지만, 결과적으로 이 안은 채택되지 않았다. 디자이너들은 이용자들이 신속하고 즉각적으로 사이트에 접근할 수 있도록 하는 것이 매우 중요하다는 실용적인 견해를 제시했다.

사이트의 프런트엔드는 레스토랑과 고객들이 회원가입과 로그인을 할 수 있도록 구성되었다. 백엔드는 엑세스 데이트베이스(Acess data base, 각종 정보를 엑세스 프로그램으로 만들어서 사용자가 검색할 수 있도록 한 데이터베이스)에 링크되었다. 힐러리는 이렇게 하면 고객들이 온라인으로 가입할 수 있을 뿐 아니라, 회사의 영업 담당자들이 사이트에 직접 들어가서 더 신속하게 전화주문을 처리할 수 있다는 것을 알았다. 단 2주만에 TGL은 온라인에 모습을 드러냈고, 세계를 향해 돌진할 준비를 갖추게 되었다.

얼마 후, 일요일 묵상미사를 드리는 동안 힐러리는 더 이상 다른 곳에 정신을 분산시키지 않고 서비스에만 전념할 수 있게 되었다는 생각이 들었다. 이제 드디어 자신이 가치 있는 일을 하고 있다고 믿을 수 있는 일, 그러면서도 돈방석 위에 앉을 수 있는 근사한 일을 할 수 있게 되었던 것이다.

6장

나의 아름다운 웹 사이트 II

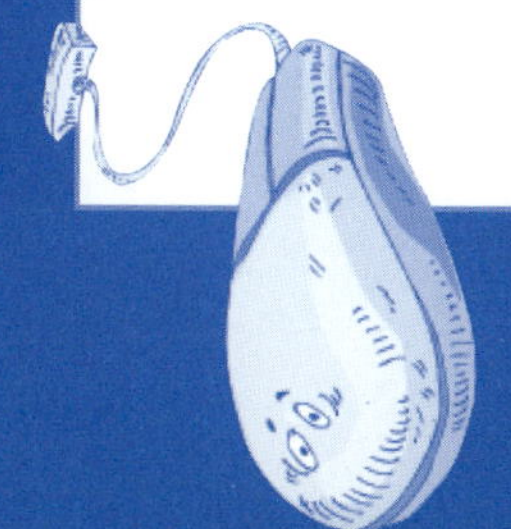
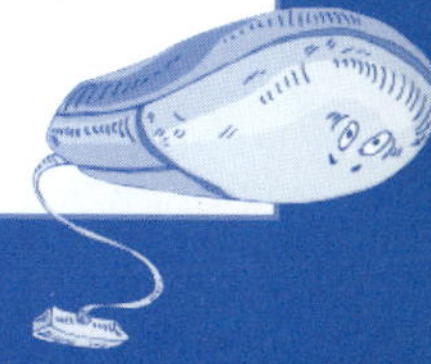

앞에서 예로 든 일화들은 웹에 기반한 비즈니스를 개발하는 과정 혹은 기존의 비즈니스에 가치창출이 가능한 3차원 공간을 접목시키는 과정에 관한 것이다. 이제 당신이 자신의 웹 사이트를 구축할 수 있도록 도움을 주기 위해 좀더 정확하게 그 과정을 들여다보고자 한다. 직접 사이트를 디자인하든 아니면 웹 디자이너에게 의뢰하든, 방문객의 관심을 끌고 판매를 유도할 수 있는 웹을 만드는 것이 중요하다.

웹을 개발하는 것은 건물을 짓는 것과 같다. 좋은 제품과 멋진 실내장식이 고객들의 구매를 촉진한다고 한다면, 사이트를 통한 마케팅에서는 프런트 페이지(홈페이지를 만드는 프로그램)를 통해 고객의 마음을 사로잡는 것이 무엇보다 중요하다. 그래서 우리는 7장에서 웹 사이트 마케팅을 촉진하고 이것을 방문객과 판매의 흐름에 연결시키는 핵심적인 문제에 관해 살펴보려 한다. 사이트를 만들고 있는 동안에 어느새 비즈니스를 최우선으로 고려해야 할 때가 온 것이다.

우선 초기단계에서부터 자신이 무엇을 제공하려고 하는가에 관한 이미지를 머릿속에 갖고 있어야 한다. 자신이 제공하고자 하는 것이 어떤 모습을 띄고 어떤 느낌을 주게 될 것인지, 어떤 부류의 고객들이 방문할 것인지 그리고 그 고객들에게 어떤 이로움을 제공하려고 하는지를 생각해야 한다.

자신의 웹 사이트를 스스로 디자인하는 방법도 생각해 볼 수 있다. 이렇게 하면 사이트를 변경할 때나 업그레이드할 때 필요한 비용을 상당히 절약할 수 있고, 만족감과 성취감을 맛볼 수도 있을 것이다. 게다가 스스로 웹 디자인을 함으로써 이제 당신이 비즈니스의 운전석에 앉았다는 느낌을 분명히 가질 수 있을 것이다. 사이트 디자인을 의뢰한 웹 디자이너가 그동안의 일들을 살펴보고 결과를 내놓을 때까지 기다리거나 그가 휴가에서 돌아오기만을 기다리고 있어야 하는 것이 아니라, 당신이 직접 고객의 요청에 따라 즉각 사이트의 어느 부분을 변화시킬 수 있다.

비즈니스가 성장함에 따라, 특히 당신이 컨텐츠 집약적인 비즈니스를 운영하는 경우라면, 당연히 매일 웹 사이트를 관리해 줄 사람을 고용할 수도 있다. 자신의 아이디어를 발전시킴에 있어, 자동화, 시간운용 그리고 인터넷의 힘을 이용하는 것이 성공의 열쇠이다. 여러 웹 사이트를 두루 돌아다니고 웹에서 자신이 필요한 것을 구매하며, 다른 경쟁 사이트를 점검하는 데 보내는 시간을 통해 온라인 환경에서 어떤 일이 일어나고 있는가에 관한 감각을 기를 수 있다. 이것은 당신의 웹 사이트를 아름답게 다듬는 일에 있어서 무엇보다 중요하다.

돈을 들이기 전에 먼저 시운전을 해 보는 것이 좋다. 인터넷에는 무료로 웹 계정을 제공해 주는 회사들이 많다. Google.com 같은 검색엔진에서 '무료 웹 계정' 등의 키워드를 입력하면 금방 찾을 수 있다. 무료 웹 계정을 이용하여 작은 규모로 자신의 사이트를 개발하고, 이것을 서버에 연결시켜 비즈니스로 발전시킬 수 있다.

사이트에 팝 업pop-up광고를 보여 주는 것으로 호스팅업체(웹 계정을 제공해 주는 업체)가 공간을 제공해 준 것에 대한 비용을 지불한다. 이것은 웹 사이트를 개발하여 무한한 웹 시장 속으로 뛰어들 수 있는 시간과 공간을 확보하는 방법이다. 또한 새로운 비즈니스 툴을 경험할 수 있는 기회이기도 하다. 성공한 웹 기업가들 중에는 이렇게 무료 서버에서 팝업 광고를 띄우는 것에서 시작한 경우가 많다. 전혀 비용을 들이지 않으며 자신들의 아이디어를 시험하고 이를 완벽하게 다듬을 수 있는 기회이기 때문이다.

가장 인기 있는 프로그램은 마이크로소프트에서 만든 프런트 페이지와 매크로미디어에서 만든 드림위버이다.

당신에게 아이디어가 있고, 시장 조사를 통해 이것이 잠재력이 있다고 판단했고, 웹 개발 소프트웨어를 이용하여 디자인 기술을 익혔다면, 당신은 무료 호스트에서 시범 사이트를 운영함으로써, 다른 사람들로부터 이윤을 창출하게 될 것이다.

이제 전세계의 고객들로부터 돈이 흘러들어 올 수 있는 파이프라인을 형성하여 말 그대로 온라인 비즈니스를 개발할 만반의 준비가 된 것이다. 그 첫 단계가 도메인을 등록하는 것이다. 웹 사이트 이름은 회사명으로 한다. 무엇을 하려고 계획하든, 당신의 개인 자산을 보호해 줄 수 있는 유한책임회사를 설립한다. 유한책임이라는 장치를 마련하지 않는 모험을 해서는 안 된다. 회사 설립에만 열을 올린 나머지 유한책임회사 설립을 관료적이라고 생각하고 이를 등한히 하는 사람들이 있다. 이런 사람들은 후에, 분쟁에 휘말리게 되었을 때 유한책임회사로 등록하지 않은 것을 뼈저리게 후회하게 될 것이다.

유한책임회사는 개인 자산을 보호하는 데 도움이 된다. 나는 초기에 실제로 이런 경험을 했으며, 그 이후부터 파트너들에게도 이렇게 해 줄 것을 제안했다. 그리고 우리는 파트너들로부터 회사가 큰 기업으로 발전할 수 있도록 지원해 주겠다는 약속을 받았다. 투명한 회계를 바탕으로 새로운 파트너로서 신뢰할 수 있는 사람들과 온라인 비즈니스 관계를 발전시켜 나가기 시작했다. 그러나 파트너로 일하는 한 회사로부터 투자약속이 이행되지 않고 대금지불 기한이 3개월 이상이 지나자, 나는 재무상태를 추적하는 업체의 힘을 빌리지 않을 수 없었다. 그쪽 책임자들의 설명에도 불구하고, 그 회사는 심각한 재정위기에 직면해 손을 쓸 수 없는 상황에 처해 있었다.

이것은 시작한지 얼마 되지 않는 '.com' 기업들이 초기에 부딪히는 전형적인 문제였다. 그 회사의 경영인은 부유한 사람이었다. 하지만 그 회사는 유한책임회사로 분리되어 있었기 때문에 우리는 손을 쓸 수가 없었다. 파산 상태에 있는 동안 그 유한책임회사는 암암리에 비즈니스 세계에서 자신을 보호할 수 있는 중요한 수단을 마련해 놓고 있었던 것이다.

우리는 아직도 이미 존재하지도 않는 이 회사의 파산절차에 연루되어 있다. 거의 아무 것도 남아 있지 않은 회사를 상대로 수백 시간의 컨설팅 비용을 기대한다는 것은 의미가 없는 일이다. 자신들의 책임을 회피한 채, 채권자들을 침몰하는 배에 내버려 둔 그들을 경멸하는 것 말고는 아무 것도 할 수 없었다.

비즈니스는 그 성격상 위험에 노출될 수밖에 없다는 것을 깨닫고, 이성적인 사람이라면 위험이 발생할 가능성이 있는 모든 경우에 대비하여 스스로를 보호할 수 있는 방법을 찾아야 한다. 나는 비즈니스는 돈에 관한 것이라기보다는 위험한 삶 속에서 기민하게 움직이는 능력에 관한 것이라는 중요한 사실을 깨달았다. 비즈니스에 실패하는 사람이 있으면, 그로 인해 타격을 받는 사람들이 있다. 성공한 비즈니스는 기회, 일자리 그리고 부를 가져다준다. 우리는 위험을 분산하고 사람들이 그것을 분담하여 책임질 수 있도록 하기 위해 유한책임회사를 세웠다.

인터넷 회사 설립의 첫 포문은 웹 주소 혹은 도메인을 등록한 다음 이것을 당신의 회사명으로 등록하는 것이다. 회사의 책임자로써 당신은 파트타임으로 일하든 아니면 전적으로 이 일에 매달리든 늘 회사의 이름을 입에 올릴 것이다. 그러므로 회사명을 도메인으로 하면 사람들이 회사 홈페이지를 방문하도록 유도할 수도 있다. 해 보고 싶은 회사를 이미 소유하고 있다면, 인터넷에서 기존의 브랜드를 이용하여 '.com' 을 설립하라. 인터넷에서 활동할 수 있는 법인을 설립한 상태라면, 회계사나 변호사의 컨설팅을 받는 데 드는 비용은 거의 필요하지 않다. '셀프 서비스' 는 저렴하고 효과적인 진행을 가능하게 해 준다.

네트워크솔루션과 같은 사이트에서 특정 도메인을 이용할 수 있는지 알아 볼 수 있다. 검색엔진에서 '도메인 등록' 이라는 키워드를 사용하여 가장 저렴하게 이용할 수 있는 도메인 등록처를 찾을 수 있다. '누구나, 어디에서나, 언제든지' 쉽게 접속할 수 있다는 점을 감안하면, 인터넷은 국제적인 매체이자 시장이다. 야후, 아마존 혹은 이베이Ebay.com 같은 '.com'이 이상적인 선택으로 널리 인식되는 것도 바로 이 때문이다. 이미 수백만 개의 독특한 도메인들이 등록된 상태에서, 좋은 '.com' 이름을 찾기는 쉽지 않다. 더욱이 도메인 수집에 열을 올리는 사람들의 출현은 더욱 어려워졌다. 그들은 대량으로 도메인을 구입하여 이를 되팔고 있는 것이다.

그러나 상황이 이러함에도 불구하고, 조금만 달리 생각하면 잠재력 있는 도메인의 바다를 찾아다니다가 뜻하지 않게 마침내 자신에게 꼭 맞는 이름을 찾을 수 있는 가능성은 여전히 남아 있다.

'.co.uk'(영국) '.com.au'(호주) 혹은 '.co.nz'(뉴질랜드)처럼 '.us'(미국)가 아닌 곳에서는 도메인 경쟁이 상대적으로 덜 치열하다. 로컬 도메인은 지방 회사이고 그 지역을 기반으로 한다는 인상을 준다. 따라서 국제적으로 인터넷 시장을 형성하는 것이 목표인 회사에게는 적합하지 않다. '.net'으로 등록할 수도 있는데, 이것은 상업적인 목적을 가진 기업이라는 인상보다는 '네트워크'라는 인상이 더 강한 경향이 있다.

이 외에도 널리 이용되고 있는 것으로 '.biz'(비즈니스), '.info'(정보), '.tv'(인터넷방송), '.ws'(월드 사이트) 혹은 '.cc'(국가클럽) 등이 있다. '.biz', '.info'는 새로운 도메인 등록에 대한 수요 증가에 힘입어 만들어진 것이다.

도메인은 토지 소유권과 동등한 재산으로 간주될 수 있다. 전략적인 도메인들은 수백만 달러의 가치를 지니는 경우도 있다. 기존의 도메인을 구입하고자 하는 경우에는 GreatDomains.com 같은 사이트가 도움이 된다. 기존의 도메인 가격이 비싼 경향이 있지만, 가격 협상의 여지는 항상 있다. 도메인은 그것을 구매하고자 하는 사람이 나타나기 전까지는 등록할 때 든 비용 정도의 가치밖에는 지니지 않는다.

비즈니스를 위해 기억하기 쉬운 이용 가능한 이름을 등록하는 것이 당신이 해야 할 일이다. 도메인은 짧고, 기억하기 좋고, 흥미를 유발할 수 있고, 잠재 고객들로 하여금 들어와서 둘러보고 싶도록 만들 수 있는 것이 가장 좋은 도메인이다. 이름을 선택할 때, 지난 성공 스토리들로부터 영감을 받는 것이 좋다. Amazon.com은 서적과 여러 상품들을 취급하는 유통채널이고, LastMinute.com은 저렴하게 여행 예약을 할 수 있는 사이트이며, RedEnvelope.com은 개성이 넘치는 온라인 선물 가게이고, Pea-Pod.com은 생활용품 사이트, SurfBrains.com은 여러 분야의 전문가들의 조언을 받을 수 있는 사이트, eBay.com은 온라인 경매 사이트, 그리고 Godiva.com은 온라인 초콜릿 판매 사이트이다.

Godiva라는 이름을 가지고 잠시 생각해 보면, 결코 평범하지 않지만 짧고 쉽게 기억할 수 있으며, 더욱이 영국의 고다이버 백작부인의 전설을 연상시킨다. 이 마음씨 착한 부인은 알몸으로 백마를 타고 컨벤트리

거리를 돌아다니면서 주민의 세금을 감해 준다는 남편의 약속을 이행하도록 만들기 위해 노력했다고 한다. Godiva처럼 재치와 영감을 주고, 잠재 고객들로부터 반응을 이끌어 낼 수 있는 도메인을 선택해야 한다. 도메인은 곧 비즈니스이며, 그 안에는 사업의 정체성, 과거 그리고 미래가 담겨 있다.

도메인이 확정되고 웹 디자인이 진행되고 있다면, 이제 웹 호스트를 선택할 때가 되었다. 수백 메가바이트MB에 달하는 데이터를 호스트 할 계획이 아니라면, 복잡하고 비용이 많이 드는 호스팅은 피하는 것이 좋다. 좋은 웹 호스팅업체인 경우, 기본적인 서버 공간을 제공하는 것 외에도 쇼핑 카트, 안전한 주문 페이지, 사이트 방문객 통계 그리고 메일 목록 관리 등 거래에 필요한 추가 프로그램을 이용할 수 있도록 해 준다. 이런 서비스를 받을 수 있다면, 백엔드 프로그래밍을 해야 할 필요성이 줄어든다.

웹 디자인 소프트웨어에 관한 지식만으로 독자적으로 개발하는 경우라면, 대개 온라인 판매를 할 수 있는 e-코머스(전자 상거래) 기능을 충분히 갖춘 사이트를 개발하는 쪽으로 갈 수 있다. 웹 호스팅업체들은 대형 피자 한 판 가격 정도의 얼마 되지 않는 비용으로 웹 비즈니스에 필요한 각종 서비스 기능을 수행하는 서버 공간을 제공해 준다. 이 모든 서비스를 일괄적으로 제공하는 웹 호스팅업체들이 현재 활발히 활동하고 있다. 미래의 비즈니스는 당연히 온라인 기업들의 활동 공간을 제공하는 이런 방탄防彈 건물들 속에 존재할 것이다.

웹 호스트를 선택하는 문제에서 두 가지 상황을 고려할 수 있다. 한 가지는 지금 거주하고 있는 지역의 호스팅업체는 당신에게 지역 상황에 적합한 지원을 해 줄 수 있는 최적의 위치에 있다는 것이고, 다른 한 가지는 '웹 호스팅'과 같은 키워드를 이용하여 온라인에서 호스팅업체를 찾으면 가장 저렴한 가격에 서비스를 받을 수 있다는 것이다.

Bizland.com(미국 소재)은 경제적인 비용으로 세계적으로 수백만 개의 인터넷 기업들에게 e-코머스 호스팅 패키지를 제공하는 웹 호스트 가운데 하나이다.

웹 사이트를 개발할 때는 호스트가 당신을 위해 어떤 기능을 수행해 주어야 하는지 먼저 고려해야 한다. 또 사이트를 설계할 때, 당신이 원하는 사이트 디자인을 호스팅 서비스와 잘 결합시킬 수 있는지도 염두에 두어야 한다. 이렇게 하면 웹 호스트로부터 당신이 원하는 것을 정확하게 실현시킬 수 있다. 호스팅업체가 일반적으로 제공하는 서비스에는 다음과 같은 것들이 있다.

■ 서버 공간

서버 공간은 웹 호스팅 서비스의 핵심이다. 당신의 웹 사이트는 바로 이 곳에 자리를 잡는다. 새로 계정을 해야 하는 경우에는 웹 페이지와 이미지를 지원해 주기 위해 적어도 30MB 이상의 공간이 필요하다. 많은 이미지를 집중적으로 지원할 수 있는 좀더 실제적인 사이트를 생각하고 있다면, 좀더 많은 공간을 필요로 한다. 웹 사이트를 구축할 때, 웹 사이트 속의 파일을 담고 있는 폴더를 클릭해 보면 이 모두를 계정하는 데 얼마나 많은 공간이 필요한지 곧바로 알 수 있다.

호스팅의 또 한 가지 중요한 부분은 대역폭을 얼마나 할당받는가 하는 점이다. 대역폭은 방문객이 당신의 웹 사이트로부터 파일을 다운로드받을 때 차지하는 공간이다. 호스트들은 대개 초보적인 수준의 대역폭을 제공한다. 처음 단계에서는 대역폭에 대해 지나치게 염려할 필요가 없다. 교통량이 많아지기 전까지는 자동차 도로를 넓힐 필요는 없으니까 말이다. 호스팅 패키지에서 대역폭을 업그레이드해야 할 정도로 사이트 방문객이 많아지면, 이것은 아주 좋은 신호이다.

앞으로 더 말하겠지만, 이것은 사이트를 신속하고 날렵하게 만들고 방문객의 숫자가 이윤창출로 전환될 수 있는 상황이 조성되고 있다는 것을 말한다. 방문량이 폭주하는 사이트의 경우 hosting.com과 같은 업체를 통해 문제를 효과적으로 해결할 수 있다. 그러나 이에 필요한 비용은 만만치 않다.

방문객 숫자가 늘어나면 수입도 따라서 증가해야 한다. 사이트를 논리적으로 성장시켜야 하는 것도 바로 이런 이유 때문이다. 이것은 빗물을 받아 마시는 것과 같아서, 여기저기서 빗물이 떨어지지만 가능한 한 물탱크에 가득할 정도로 모아 주어야 한다. 방문량이 증가한다고 수입이 당연히 늘어나는 것은 아니므로, 입소문으로 사이트를 알려줄 수 있는 고객의 기반이 마련되어야 비로소 가능하다는 것을 기억하라. 나무가 무성하게 성장할 때 더 많은 열매를 맺는 법이다.

■ 이메일 주소

좋은 웹 호스트라면 알리아스aliase POP 이메일 계정 그리고 자동응답 기능과 같은 기본적인 이메일 툴을 제공해야 한다. 알리아스 기능으로 당신의 웹 사이트에 있는 이메일을 등록된 이메일 주소에 곧바로 전송할 수 있다. 이 기능이 있으면, 어떤 이메일 주소를 이용하든 모든 개인 이메일 주소에 곧바로 메일을 전송할 수 있다. POP 이메일 계정은 아웃룩 익스프레스Outlook Express 같은 소프트웨어를 이용하여 지정한 이메일과 직접 연결될 수 있다.

자동응답 기능은 매우 편리하다. 메일이 도착하면 즉각 응답해 준다.

이메일이 도착하자마자, 자동응답 기능은 메일이 도착했다는 신호를 보내고, 자주 받는 질문에 대한 회신을 모아 놓은 데이터를 통해 수신된 메일의 질문에 자동적으로 응답한다. 때로 고객들은 자신들의 메일이 응답을 받지 못할 수도 있다는 생각에, 마치 블랙홀 속으로 메일을 보내는 것이 아닐까 하는 느낌을 갖기도 한다. 자동응답 기능이 있으면, 고객들이 보낸 메일에 대해 가장 신속한 방법으로 회신을 해 줄 수 있다.

■ 사이트 강화 툴

많은 웹 호스트들이 이른바 '사이트 강화 툴'을 제공한다. 이 툴들은 디자인이 우아한 티스푼과 같다는 생각이 든다. 여기에는 대개 '그룹별 이메일', '빠른 링크', '카운터', '메타 태그', '방문록', '모니터링' 그리고 '분석계측 툴'과 같은 것들이 포함된다. 이런 툴들은 사이트 속도를 떨어뜨리는 경향이 있다. 귀한 웹 공간을 차지하기만 하고 고객이나 방문객의 요구에 부응해야 하는 사이트의 주요 목적에도 별로 도움이 되지 않는다.

웹 사이트 개발을 해 오면서, 나는 사이트 디자인은 신속하고 단순해야 하며, 방문객과 고객의 요구에 절대적으로 부합해야 한다는 생각을 갖게 되었다. 사이트 속도를 늦추는 카운터 같은 것은 불필요하다. 웹 호스트에 있는 통계수치를 통해 방문객 숫자를 알아볼 수 있다. 얼마나 많은 사람들이 그 사이트를 방문했는지 고객들이 과연 관심 있어 하는지? 메타 태그는 검색엔진 목록 상위에 오르는 데 매우 중요하다. 이에 대해 7장에서 자세하게 설명하겠지만, 핸드코드(handcode, HTML 언어를 자신이 직접 쳐서 넣는 것)로 하는 것이 가장 좋다. 방문록, 모니터링 그리고 분석계측 툴과 같은 것을 개인 홈페이지에 설치한다면 모르겠지만, 비즈니스 사이트라면 간결하고 깔끔하게 고객에게 다가가야 한다.

■ 이미지 관리와 압축

사이트가 다른 화면으로 넘어가는 데 수 초 이상이 걸리면, 대부분의 사람들은 돌아가기 버튼을 누른다. 인터넷에서 기다리고 싶어하는 사람은 아무도 없다. 시간은 곧 돈이자 경쟁력이기 때문이다. 만약 기다려야 한다면, 사람들은 돌아가기 버튼을 클릭하여 더 빠르게 움직이는 다른 사이트로 들어가 버린다.

제품뿐 아니라 관심을 유발하는 빠르고 직접적이며 매력적인 사이트들이 얼마든지 있다. 그러므로 전송 속도가 빠르고 핵심을 곧바로 전달할 수 있는 사이트를 만들어야 한다. 그러면서도 이용하기 쉬워야 한다. 이미지, 특히 'gif' 파일은 속도 저하를 가져오는 주범이다. 현명한 웹 호스트라면 이 사실을 인식하고, 용량을 많이 차지하는 이미지 공간과 다운로드 속도를 제한하는 압축 툴을 설치할 것이다.

오늘날의 웹 사이트는 다운로드 시간을 그리고 미래에는 대역폭을 많이 차지하는 것들을 제거하는 데 민감해야 한다. 용량을 많이 차지하는 이미지를 되도록 줄이고 압축 툴을 이용하여 날렵한 몸매를 유지하는 것이 중요하다. 그렇다고 당신의 호스팅업체가 압축 툴을 갖고 있지 않다고 해서 큰일 날 일은 아니다. 다른 웹 사이트에서 곧바로 찾을 수 있기 때문이다. '이미지 압축 툴' 같은 키워드를 이용하여 검색엔진에서 찾으면 된다.

■ CGI 관리

CGI란 Common Gateway Interface의 약자이다. 이것은 웹의 변형이나 어떤 특정한 변경을 원할 때 프로그램과의 인터페이스를 말하며, 웹 사이트가 더욱 역동적으로 양방향 작동할 수 있도록 해 준다. 양방향 사이트를 프로그래밍 하는 일은 간단하지 않다.

펄Perl은 가장 일반적이면서도 강력한 스크립트 언어이다. 배우기도 어렵고 이해하는 데 여간 복잡하지 않다. 프로그래밍에 대해 잘 알고 있지 않다면 PHP를 배우는 것이 좀더 쉬운 방법이다. PHP는 HTML 속에 들어 있는 스크립트 언어인데, 이를 통해 코드가 HTML 코드 속에 내재될 수 있다.

HTML은 표준적인 웹 언어라는 것을 기억하라. 프로그래밍을 하고 싶다면 HTML과 PHP를 알아야 한다. 그렇다고 배울 필요는 없다. 지금까지의 웹 디자인 소프트웨어의 기능에 관한 지식만으로도 백만 달러의 가치를 지닌 웹 비즈니스 사이트들이 탄생되어 왔다.

단순히 사이트에 좀더 다양한 기능들을 첨가하고 싶다면 프로그래머의 도움을 받으면 된다. 프리-리튼pre-written CGI 스크립트도 hotscripts.com과 scriptsearch.com 같은 사이트에서 구할 수 있다. 펄과 PHP는 CGI가 순조롭게 작동할 수 있는 웹 호스트를 필요로 한다. 웹 프로그래밍에서 상세한 매뉴얼을 더하는 것은 우리가 논할 영역 밖의 일이다. 먼저 간단한 사이트를 만들어서 방문객이 찾아오게 만들고, 그들에게 이윤추구를 목적으로 하는 컨셉을 제공하여 처음부터 하나씩 스스로 만들어 가는 것이 웹 비즈니스의 세계로 들어가는 첫 걸음이 된다.

■ 지원과 포럼

인터내셔널 호스트는 이메일을 지원해 주고, 로컬 호스트는 전화 지원을 해 줄 수 있다. 대체로 전화 지원을 해 주는 형태의 호스트들은 비용이 더 많이 요구되는 편이다. 그러므로 24시간 이메일 지원이 가능하고 비용이 저렴한 호스트를 찾는 것이 좋다. 이용자가 수백만에 달하는 경우가 아니라면 수천 명 정도를 지원할 수 있는 단일 호스트를 찾아보는 것도 괜찮다. 이들은 거의 모든 가능한 질문에 대답해 줄 수 있는 포럼을 지원해 주기도 한다.

■ E-코머스 관리

e-코머스 스토어프런트storefront는 비즈니스 사이트의 심장이다. 좋은 호스트는 제품을 주문생산할 수 있는 스토어프런트를 제공한다. e-코머스 스토어프런트를 웹 사이트에 연결시키는 것은 간단하다. 여기에는 장바구니, 제품가격 그리고 주소와 신용카드 번호 등 입력을 위한 안전장치가 포함된다. 스토어프런트는 사용자가 세금과 우송방법 등을 처리할 수 있도록 설계되어 있다. 이들은 또한 홈에서 쇼핑창까지 링크시키

는 기능을 한다. 고객들은 품목을 선택하고 주문을 확인하는 절차를 진행한다. 어떤 경우에든 고객들이 편리하게 주문할 수 있어야 한다. 고객이 쇼핑을 하다가 중도에 그만두는 상황을 막기 위해 가능한 현명한 조처들이 마련되어야 한다.

고객이 쇼핑 품목을 고르고, 주문을 하다가 느닷없이 불안한 기분이 드는 것은 가장 흔히 보는 문제이다. 어떠한 이유로 인해 우송이 되지 않거나 신용카드 결제가 잘못되는 것은 아닐까 하고 불안해하는 것이다. 이런 생각이 들면 그들은 곧장 사이버 공간 너머로 사라져 버린다. 이럴 때 이메일이나 채팅을 통한 개인적인 지원이 도움이 된다. 웹 사이트가 e-코머스에서 생존할 수 있는 열쇠는 증명서와 이미지를 통한 신뢰감을 끊임없이 불어넣는 데 있다.

웹 고객에 대해 더 잘 이해하기 위해서 자신이 직접 그 일원이 되어 보자. 인터넷 쇼핑은 실제적인 면에서 오프라인에서 차를 몰고 쇼핑을 나가는 것보다 생명과 지갑이 안전하고, 다리품을 팔며 돌아다닐 필요도 없다는 점에서 전략적으로 더 안전하다. 웹에서는 주차 공간을 놓고 다툴 일도 없다. 그럴 리는 없겠지만 혹시 부당하게 비용을 청구하는 일이 생기면 신용카드 결제를 취소할 수 있는 충분한 근거도 있다. 나의 경험에 비추어 볼 때, 북미 지역의 대다수 고객들은 신뢰에 근거하여 인터넷에서 신용카드를 이용한 주문을 하는 일에 익숙해져 있다. 나는 이것이

유럽과 아시아 지역에서도 일반적인 전형이 되기를 바란다.

그러나 신용카드가 도용될 가능성에 대한 경계를 늦추어서는 안 된다. 이것은 웹 비즈니스의 큰 폐해가 되고 있다. 카드가 부정하게 사용되었다고 판단되면 비용을 지불하지 않아도 된다. 카드 부정 이용자들은 웹 사이트로부터 목록을 입수하거나 프로그램을 이용하여 불법적으로 카드 번호를 알아낸다. 이 경우, 은행은 대개 '대금을 회수'하기 때문에 당신은 그만큼 손실을 보게 된다.

그렇다면 어떻게 하면 이런 일을 막을 수 있을까? 현재 웹에서 이루어지는 거의 모든 절차가 자동으로 처리되기 때문에 이를 방지하기는 결코 쉽지 않다. 그러므로 신용카드를 만들 때 이용약관을 만들 필요가 있다. 또 대량 주문에 대해서는 전화를 걸어 고객이 카드 소유자인지 전화를 이용하여 확인해야 한다.

Hot메일과 Yahoo메일처럼 무료 이메일 주소를 사용하는 고객, 동유럽이나 제3세계 지역처럼 사기사건이 빈발하는 지역으로 물품을 우송해 줄 것을 요청하는 고객 혹은 이례적일 정도의 물량을 주문하거나 주문 시간대가 이상하거나(현지 시각으로 한밤중인 경우라든가) 미심쩍어 보이는 주문을 하는 고객을 주의해야 한다.

현실적으로 모든 주문을 일일이 점검할 수는 없다. 온라인에서 자동적으로 일을 처리하는 경우는 특히 그렇다. 어떤 업종인가에 따라 다르겠지만, 총 판매량의 약 5% 정도가 대금이 회수될 가능성이 있음을 염두에 두는 것이 현명하다.

오프라인에서는 대금 지불 수단이 상당히 많다. 신용카드를 이용한 주문이 팩스나 전화로 대신 될 수 있다. 전화를 받느라 붙들려 있지 않아도 된다는 점에서 팩스가 더 나은 방법이다. 전화는 가장 보편적으로 이용할 수 있다는 점에서 혹은 온라인으로 주문을 하고 싶어하지 않는 사람들에게 좋은 구매 수단이 된다. 미국에서는 1~800번까지 번호를 받을 수 있다. 전화주문을 이용해야 한다면 콜센터를 이용하는 것이 좋다. 당신은 시간을 효율적으로 이용하는 데 목적을 두어야 하며 전화를 받느라 시간을 보내서는 안 된다.

고객이 신용카드를 이용하는 것을 한사코 원하지 않는다든지, 신용카드를 한 장도 소지하고 있지 않거나 혹은 의심이 든다면 웨스턴 유니언 Western Union에 문의하는 것이 최선이다. 오늘날 은행은 인터넷이나 텔레뱅킹을 이용하여 세계 어느 지역에서든 다른 계좌로 대금을 이체하는 서비스를 제공하고 있다. 국제적인 거래가 용이하게 이루어질 수 있도록 은행은 고객이 안심하고 거래를 할 수 있게 해 주어야 하며, 이것은 신용카드 이외의 방법으로 대금을 지불하는 데 매우 유용하다. 고객이 국내에 있는 경우에는 하룻밤이면 대개 모든 대금 결제가 가능하다.

간단히 말해서 e-코머스 스토어프런트를 당신의 웹 페이지에 링크시킬 수 있고, 웹 페이지 자체에 프로그램을 설치할 수도 있다. 그러나 이 것은 좀 복잡하기 때문에 프로그래머의 도움이 필요하다. 이런 방법이 힘들다면 해외에서 이용 가능한 신용카드 지불을 자동으로 처리해 주는 WorldPay.com 같은 시스템을 이용해도 된다.

당신의 사이트에 몇 종류의 주요 화폐로 가격을 제시하거나 간단하게 US$만 표시할 수도 있다. 국제 간 거래에서 표준적으로 이용되는 화폐 는 US$이기 때문이다. US$를 사용하지 않는 지역의 고객들을 위해 Yahoo(http://quote.yahoo.com/m3)의 '환전 계산기'를 사이트에 링크시켜 놓아도 좋다.

신용카드 결제를 처리하는 방법에는 수동처리와 자동처리 두 가지가 있다. 수동적인 처리 방법은 스토어프런트로부터 고객의 주문내역을 프 린트하고 전화나 팩스를 이용하여 해당 카드의 은행 거래가 적법하다는 확인을 받는 방법이다. 이것은 초기 비용이 별로 요구되지 않는다. 비자 카드나 마스터카드를 이용해 대금 결제를 할 수 있도록 거래 은행에 등 록하기만 하면 된다.

수동적인 방법은 제품 우송이나 서비스가 이행될 때까지 반드시 비용 을 지불해야 할 필요는 없지만, 고객의 신용카드가 유효한지 확인할 필 요가 있는 비즈니스 형태에서는 가장 적합한 방법이다. 이러한 수동처 리 방식은 결제 과정을 좀더 분명히 파악할 수 있고 결제 단위가 큰 주문을 처리해야 하는 비즈니스에 적합하다. 문제는 개인적인 소량 주문인 경우에 비교적 오랜 시간이 소요될 수 있다는 점이다.

자동처리 방법인 '실시간' 신용카드 결제 기능을 갖춘 스토어프런트도 있다. 고객이 주문을 하면서 즉석에서 신용카드로 대금을 지불하면 당신의 회사계좌로 대금이 자동적으로 입금되는 것이다. WorldPay.com은 어떤 종류의 화폐로든 결제가 가능하다. 이렇게 하는 데 별도의 비용도 필요하지 않다.

당신의 사업 소재지가 어디인가는 문제되지 않는다. US$로 가격 책정을 할 수 있기 때문이다. 미국이 아닌 지역에서 수동적인 방법으로 결제를 하는 경우에는 온라인 환전 계산기를 이용하여 주문 물품의 가격을 쉽게 계산할 수 있다. 그리고 당신은 대금을 청구할 금액에 대해 항상 자국 화폐로 환산하여 알고 있어야 한다. 이렇게 하면 해외의 고객들로 하여금 자신들이 예상했던 것보다 가격이 약간 저렴하다고 느끼도록 만들 수 있다. 웹 사이트를 이용한 비즈니스는 어떤 경우에든 다음과 같은 조언을 명심해야 한다.

최종 대금은 환율변동에 따라 달라지겠지만 거래가 이루어진 당일에 비자카드와 마스터카드 또는 아메리칸 익스프레스카드에 의해 통용되는 환율에 근거한다.

인터넷은 이를 현명하게 이용할 줄 아는 사람에게는 장소에 상관없이 어디에서나 유용한 도움자가 되어 준다. 화폐와 가격 구조가 상대적으로 강세인 미국에 상품을 직접 판매하는 일에 주력하는 사이트가 많다. US$를 벌어들이는 것이다. 또한 호주, 뉴질랜드 그리고 영국처럼 수출품이나 서비스에 대해 무관세를 적용하는 국가들이 많이 있다. 이것은 국제적인 거래에 있어 수출에 대해서는 관세가 부과되지 않지만 수입세는 적용될 수 있다는 것을 의미한다. 이것을 이용하면 현금유통, 수입 그리고 기업의 잠재적인 이윤이 더욱 증대된다.

'벽돌&클릭' 모델은 신용카드의 불안정성을 극복할 수 있는 좋은 방법이다. 성공한 웹 사업가들 중에는 해당 지역에 사무실과 물류센터를 운영하고 있는 예가 많다. 예를 들어 회사가 호주에 근거를 두고 있지만 대부분의 주문이 북미나 유럽 지역에서 들어온다면, 이들 지역에 각각 물류센터를 설립함으로써 비용과 고객서비스 면에서 가치를 증대시키는 것이다. 이것은 신뢰와 주문량을 증가시키는 방편이기도 하지만, 세계시장에서 빠르게 성장할 수 있는 확실한 방법이기도 하다

■ 웹 사이트 통계자료

　온라인 비즈니스의 두드러진 장점 가운데 하나는 누가 방문하고 있는지, 어느 지역에 거주하는 방문객인지, 언제 방문하는지 그리고 그들에게 어떤 페이지가 가장 인기가 있는지 정확하게 알 수 있다는 데 있다. 웹 호스트는 방문객, 그들의 출신 그리고 어떤 것을 필요로 하고 원하는지 알 수 있는 통계자료를 매달 제공해 주어야 한다.

　웹 사이트 통계자료는 고객들이 어떤 경로를 통해 당신을 발견하는지 보여 주기 때문에, 앞으로 마케팅에서 어떤 부분에 주력해야 하는지를 알 수 있다. 통계자료와 판매량을 비교함으로써, 어떤 마케팅 방법이 방문객 숫자를 증대시키고, 이를 판매로 이어지도록 하는데 가장 효과적이었는가에 관한 전체적인 그림을 볼 수 있다. 사이트를 정교하게 조정해야만 매출로 전환되는 비율을 높일 수 있는 것이다.

　웹 사이트 통계자료는 즉각적인 만족감을 가져다준다. 방문객 숫자와 세부적인 방문내역을 보여 주는 생생한 통계자료를 통해, 새로운 마케팅 전략의 효과를 눈으로 볼 수 있기 때문이다. 효과적인 마케팅은 마치 댐에서 거대한 물줄기가 쏟아져 나와 강으로 흘러드는 것을 지켜보는 것과 같다. 그 효과가 즉시 일어나기 때문이다. 불어난 방문객 숫자를 판매로 전환할 수 있는 웹 관리자라면, 그 보답은 바로 이윤이다.

　웹 사이트 통계자료는 주로 외부적으로 드러나는 방문객 숫자를 보여 준다. 내부적인 구조를 통계적으로 보여 주는 호스트들도 있다. 이것은 사이트의 성과를 효과적으로 측정하는 데 도움이 된다. 웹 사이트 코드, 주요 브라우저들과의 호환성, 링크 상태 그리고 사이트 내에서 페이지를 다운로드받는 데 소요되는 시간 등을 점검한다. 이것은 자동차 엔진 온도를 측정하는 것과 흡사하며, 복잡한 디자인은 과열상태를 유발하여 속도가 느려지거나 브라운저 호환성을 떨어뜨리게 된다.

■ 판촉 지원

날마다 그 수가 증가하고 있는 호스트들은 여러 다양한 검색엔진에 맞추어 적절한 서비스를 제공하고 있다. 이런 서비스는 날마다 새로운 아이디어가 나오고 있다는 것을 보여 주지만, 이들을 반드시 수용해야 하는 것은 아니다. 주요 검색엔진에 적절하게 부합하기 위해서는(방문객 숫자를 최대한 증대시키는 것) 결과적으로 수동적인 조절이 필요하며, 이를 통해 검색목록에서 좋은 위치를 차지할 수 있다.

이제 커피를 마시면서 정교한 웹 디자인에 관해 이야기할 시간이다. 모든 것들이 그야말로 빠르게 기술적으로 변해 가고 있다는 것을 인정하지 않을 수 없다. 어떤 사람들에게는 속도가 다소 빠르게 느껴지기도

할 것이고, 어떤 사람들에게는 다소 느리게 느껴지기도 할 것이다. 지금까지의 내용을 통해 내가 무슨 말을 전하고 싶어하는지 깨달았기를 바란다.

빠르게 움직이는 인터넷 환경 속에서 사이트들은 매일 새로운 모습으로 바뀐다. 어떤 것들은 비즈니스 영역 자체를 바꾸기도 하고, 아예 사라져 버리기도 한다. 처음 웹을 알아 가는 시기에 배워야 할 가장 큰 교훈 가운데 하나는 호스트, 압축, 프로그램 스크립트 혹은 그 이외의 디자인에 관한 조언 등에서 당신이 검색엔진에서 찾고 있는 것이 무엇인지를 아는 것이다.

웹을 검색하고 웹 비즈니스를 성공적으로 운영하면서 그리고 다른 사람들의 성공 스토리를 수집하는 과정에서 내가 체득한 '가능한 것이 무엇인가?'에 대한 간단한 지침을 당신에게 전해 주고 싶다. 이 지침을 따르고 발전시키며 이를 연구한다면, 당신의 지식은 웹에서 강한 경쟁력을 가져오는 자산으로 전환될 것이고, 자신의 경쟁력을 민첩하게 운용할 줄 아는 마이다스의 손으로 변신할 수 있을 것이다.

하루 중 몇 시간의 지속적인 시간투자와 인내를 통해 이렇게 될 수도 있고, 이 자체가 직업이 될 수도 있다. 아이디어를 창출하고 그 아이디어를 개발하는 과정 속에서 효과적인 시간의 운용은 끊임없이 이루어져야 한다.

　　1998년 내가 처음으로 웹 사이트 디자인에 뛰어들었을 때, 이 일은 일종의 부업이었다. 나는 이에 관해 아무 것도 아는 것 없이, 클릭으로 부자가 될 수 있다고 말하는 책들을 헛되이 뒤적이며 다녔다. 그때 내가 발견한 것이라곤 '.com 혁명'은 점점 가속도를 더해 가고 있으며, 미래 세계의 횃불을 든 주자는 저만치 앞에서 사라지고 있다는 것이 전부였다. 지금에 비하면 토가와 샌들을 신은 나이든 로마인의 기술에 불과한 IBM AT컴퓨터를 가지고, 나는 신발 끈을 단단히 동여매야 할 때가 왔다고 결심을 한 것이다.

　　1998년 성탄절 연휴 동안, 배를 타고 여행을 하면서 나는 일기장에 비즈니스의 큰 줄기를 그려 나갔다. 내게는 아이디어가 있었다. 나는 그것을 신속하게 온라인상에서 펼쳐야 했다. 구상이 머릿속에 떠오를 때면, 마치 자석에 이끌리듯이 연이어서 좋은 구상이 떠올랐다. 또 때로는 미친 것처럼 소용돌이치기도 하고, 때로는 스스로 감탄할 정도로 기발한 생각이 떠오르기도 했다.

　　그 당시 낡은 컴퓨터 한 대가 내 사무실이자 서재였다. 그러다 신속한 인터넷 연결이 나의 최신 거래도구가 되었지만, 쉼 없이 마셔 대는 커피 그리고 다른 일을 하고 남는 자투리 시간에만 프런트 페이지를 사용해 일을 할 뿐이었다. 나는 웹 검색에 관해 아무 것도 아는 것이 없었다. 그래서 다른 사람들처럼 여러 사이트들을 보며 배웠다.

내가 이 책을 쓰기로 결심한 동기는 내가 이전에 어디로 갈지 몰라서 헤맸던 혼란을 다른 사람들은 조금이나마 덜 겪었으면 하는 소박한 바람에서이다. 그리고 돈이 나오는 웹 비즈니스를 가동할 수 있는 기름을 주고 싶었기 때문이다.

속을 들여다보면 웹 사이트 디자인은 그림 그리기에 정형외과 수술을 결합한 것과 비슷하다. 어떻게 하면 더 근사하게 보여서 좋은 인상을 줄 것인가를 판단하는 감각이 있어야 한다. 그리고 다른 한편으로는 어떻게 하면 뼈들이 제자리에 알맞게 자리하도록 만들 것인지 알아야 하고 언제든 수술에 들어갈 준비가 되어 있어야 한다.

웹 비즈니스가 반드시 갖추어야 할 것으로 세 가지 조건이 있다. 이것은 어쩌면 웹 비즈니스에만 적용되는 문제는 아닐 것이다. 속도, 단순함 그리고 명쾌함이 바로 그것이다. 우선 해결해야 할 문제로 디자인 형태를 어떻게 잡을 것인가 하는 것이다. 이러한 관점에서 일련의 기본적인 문제들을 해결할 수 있는 웹 사이트를 만들어 내야 한다. 여기에서 기본적인 문제란 목표하는 고객을 찾아내고, 그 고객을 대상으로 마케팅을 하고, 최선의 마케팅 방법을 연구하는 것이다. 그리고 궁극적으로는 고객들이 기꺼이 신용카드를 꺼낼 수 있도록 풍부하고 신속한 메시지를 전달하는 것이다.

디자인에 들어가기에 앞서 기억해야 할 점은 웹 페이지를 읽을 때 사람들은 지금 당신이 이 책을 읽고 있는 것과 마찬가지로 왼쪽에서 오른쪽으로 위에서 아래로 내려오면서 읽는다는 것이다. 두루마리처럼 내용이 펼쳐지는 것을 기다려 가면서 읽어야 하는 것을 못 견뎌 하는 사람들이 의외로 많다.

사이트는 전체적으로 단순한 느낌의 이미지여야 한다. 분명하고 단순한 이미지로 시선을 사로잡지 못하면, 이런 사이트는 전문적인 비즈니스 사이트가 아니라 아마추어적인 취미 사이트로 비춰질 위험이 있다. 또 이미지와 조화를 이루는 색깔을 이용해 비즈니스적인 느낌을 줄 수 있어야 한다. 그러기 위해서는 산만하지 않고 초점이 분명하게 드러나도록 하기 위해 흰 여백을 이용하면 좋다. 내용은 단순하면서도 멋스럽게 한다. 내용이 체계적으로 전달될 수 있도록 색깔과 프레임을 이용하여 분리하고, 방문객이 사이트를 둘러보면서 즐거움을 느낄 수 있는 이미지가 전체적으로 유지되어야 한다.

웹 디자인은 비행기를 타는 것과 많은 점에서 비슷하다. 비행기를 탈 때 당신이 갖고 있는 짐의 무게가 일정한도를 초과하면 이에 대한 비용을 지불해야 한다. 웹 사이트에서 다운로드 속도는 매우 중요한 요소이다. 초고속 통신망을 사용하는 이용자도 있지만 끈질기게 56K를 고수하는 사람들도 있다. 웹 페이지의 속도를 높이기 위해 이미지 그림보다는 적절한 텍스트 구도를 이용하고, 테이블table과 그리드grid 내에 사이트를 구축하되 테이블 속에 테이블이 들어가는 방법은 피하는 것이 좋다. 티커ticker나 카운터counter는 달지 않는다. 이런 것들이 있으면, 56K모뎀을 사용하는 낡은 컴퓨터를 가진 이용자는 당신의 사이트에 접근하기가 힘들 것이다.

디자인에는 3개의 폰트font면 된다. 이용자가 윈도우 폰트 세트를 온통 뒤적일 필요 없이 소파에 느긋하게 앉아서 당신의 사이트를 둘러볼 수 있도록 해야 한다. 무엇보다도 이용자가 찾고 있는 것을 손쉽게 찾을 수 있도록 하는 일에 우선을 두어야 한다. 신속하고 명료하게 내용이 제시되어야 한다는 것이다. 그래픽의 경우, 인터넷에서 무료 클립아트clipart를 얼마든지 찾을 수 있는데, 흔히 웹 디자인 소프트웨어와 링크되어 있다. 그 다음은 당연히 제품이나 서비스의 판매가 될 것이다. 이런 것들이 제대로 된다면 당신에게 오래도록 만족스러운 시간이 찾아 올 것이다.

웹에서는 누구든지 산업스파이가 될 수 있다. HTML 스누퍼snooper와 같은 툴을 이용하여 다른 웹 사이트의 코딩과 페이지 구성을 얼마든지 사용할 수 있다. HTML은 프런트 페이지와 드림위버 같은 프로그램들로 홈페이지를 만들 때 사용하는 웹 언어이다. 프런트 페이지, 드림위버의 프로그램으로 당신 홈페이지의 HTML 포맷을 볼 수 있다. 검색엔진 순위를 알아보기 위해 사용하는 메타 태그meta tag를 보는데 HTML 스누핑(HTML 코드를 보는 행위)이 특히 도움이 된다.

이제 이 장을 마무리하면서 말하고 싶은 것은 사이버 공간에서 생존하기 위해서는 그 곳은 무척 위험한 곳이라는 점을 기억하라는 것이다. 수천 명의 이용자를 둔 도메인 호스팅 회사를 운영하는 친구가 있는데, 한 해커가 고의로 그 회사의 모든 이용자들에게 바이러스를 퍼뜨린 사건이 있었다. 해커를 잡기 위해 추적하는 동안에도, 그 해커가 언제 어떻게 새로운 아이디와 이메일 주소를 가지고 잠입하여 다시 공격을 감행할지 몰랐다. 경찰도 도움을 줄 수가 없었다. 웹 마스터는 지금도 이 해커가 한밤중에 잠입하여 그의 이용자들을 짓밟고 그들의 파일과 컴퓨터를 파괴하려고 시도할지 모른다는 두려움에 사로잡혀 있다.

인터넷 비즈니스를 염두에 두고 있다면, 모든 컴퓨터에 바이러스 백신 프로그램을 정기적으로 업데이트하고 방화벽을 설치해야 하는 것은 두말 할 필요가 없다. Pccilin.com과 ZoneAlarm.com과 같은 사이트를 통해 무료로 백신 프로그램을 제공받을 수 있으며, 더 정밀한 백신 버전을 필요로 하는 경우에는 별도로 비용을 지불해야 한다. 그리고 당신이 심은 나무가 돈 열매를 맺기 시작할 때, 나무를 말라 버리게 만들지도 모를 카드 도용 가능성에 대해 항상 경계를 늦추어서는 안 된다.

7장

살아 있는 마케팅

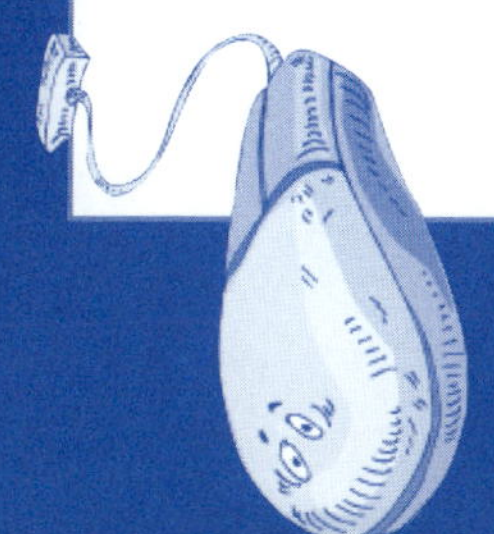

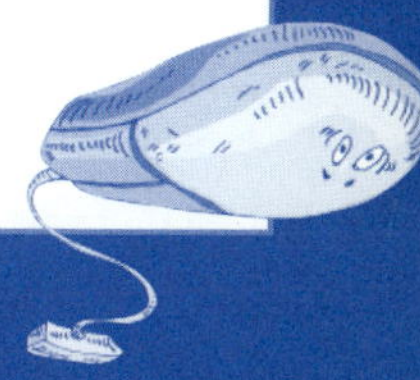

　우리는 제임스가 비행기에 탑승하기 전에 그를 만나려고 했는데, 탑승이 지연되어 우리에게는 다행하게도 그와 이야기를 나누면서 현재 그의 오프라인 비즈니스만큼이나 좋은 성과를 내고 있는 온라인 비즈니스를 시작하게 된 경위에 관해 자세하게 이야기를 들을 수 있게 되었다. 활주로가 내다보이는 탑승대기실은 실제로 시작한지 12개월밖에 되지 않은 그의 사업 이야기를 듣기에 더없이 좋은 장소처럼 보였다.

　그를 기다리고 있는 동안, 커다란 비행기가 활주로를 질주하여 이륙하는 모습이 눈에 들어왔다. 방음유리가 제트엔진의 굉음을 어느 정도 차단해 주고는 있었지만, 거대한 새처럼 활주로를 질주하여 하늘로 날아오르는 비행기의 굉음이 여전히 들려왔다. 비행기는 구름 속으로 떠오르는 듯 하더니 어느새 거대한 푸른 바다 너머로 사라져 갔다.

30대 초반의 금발머리 남자가 우리를 알아보는 듯 했다. 그는 손을 흔들더니 우리를 향해 걸어왔다. 제임스는 호주와 남미 두 곳의 시간대를 살고 있었다. 그 곳에서 그는 집안 대대로 해 오고 있는 출판사를 경영하고 있었다.

그는 출판에 대한 열정, 지성 그리고 순수함을 지닌 사람이었다. 저렴한 가격에 출판물을 만들어, 세계의 주요시장에 배포할 수 있는 능력만을 믿고, 몇 종류의 책을 가지고 겁 없이 뛰어든 사업이 이제는 매출이 수백만 달러에 이르는 비즈니스로 발전해 있었다.

현재 인터넷에서만도 한 주에 대략 수천 권의 책이 판매되고 있고 등록된 소매서점을 통해서도 책을 배포하고 있다. 이것은 실제로 사람들이 그의 웹 사이트를 방문하는 횟수에 비하면 일부에 불과한 수치였다.

나는 그에게 어떻게 이렇게 많은 방문객을 확보하게 되었는지 물었다. 그러자 그는 고개를 끄덕이며 싱긋이 웃더니 작은 가방에서 메모지를 꺼내어 그 위에 무엇인가를 쓰기 시작했다. 그는 목록을 만들어 가며 이야기를 했는데, 설명하는 모습이 논리적이면서도 온화한 인상을 주었다.

목록이 완성되자 곧 탑승하라는 안내방송이 흘러나왔다. 그가 가야 할 시간이 된 것이다. 제임스가 적어 가며 해 준 설명은 인터넷 마케팅

에 대한 나의 조사와 넷 사업가들과의 인터뷰를 통해 깨달은 성공의 비
결을 다시 한 번 확인시켜 주었다.

1. 사이트를 검색엔진에 최적화하라

우리는 인터넷 사용의 80% 이상이 검색엔진으로 시작한다는 것을 알고 있다. SearchEngineWatch.com 같은 사이트에 나와 있는 통계자료를 통해 주요 검색엔진을 정확하게 파악할 수 있다. Yahoo, MSN, Lycos 그리고 Altavista 등이 대표적인 검색엔진이다. 좀더 자세하게 조사를 해 보면, 이용자들은 주로 키워드를 통해 검색된 목록 가운데 상위 20개 목록에 관심을 보인다는 것을 알 수 있다.

인터넷은 누구에게나 문을 열어 놓고 있다. 바로 이 점이 경쟁을 유발하는 매개이다. 수백만 가지의 주요 검색 표현의 조합이 웹 사이트에서는 수백만 명의 방문객으로 연결되는 것이다.

사이트를 만드는 첫 단계는 검색엔진에 맞는 웹 페이지로 단장하는 일이다. 처음에는 약간의 정탐이 도움이 된다. 검색엔진 순위에서 상위권에 있는 사이트들이 이용하는 메타 태그를 알아보기 위해 JimTools.com

과 같은 HTML 스누퍼를 이용한다. 메타 태그는 페이지 상단에 타이틀, 설명 그리고 키워드로 구성되어 있으며, 당신의 웹 디자인 소프트웨어에 있는 HTML 코딩 옵션을 이용하여 곧바로 들어갈 수 있다. 이 태그들을 페이지 초기에 삽입하는 일은 간단하다. 많은 검색엔진들이 페이지를 일일이 점검한다는 것을 기억하라. 따라서 상위 20위 안에 들기 위해서는 모든 페이지가 가능한 한 최적의 상태를 유지해야 한다. 일정 기간이 지난 후에 다시 방문할 수 있도록 검색엔진 보트를 얻기 위해 특정한 메타 태그를 첨가할 수도 있다. 이것은 거대한 강물로부터 당신의 작은 시냇물이 흐를 수 있는 도랑을 내는 것과 같다.

모든 페이지를 최적화하는 것 외에도 고려해야 할 것들이 많다. 전문적인 검색엔진의 최적화 시스템들은 게이트웨이gateway 페이지를 이용한다. 이것은 키워드에 따라 다른 네트워크로 들어가도록 태그가 된 페이지를 말한다. 모든 키워드는 각각 게이트웨이 페이지를 가질 수 있다. 검색엔진들이 키워드 표현을 찾아서 전체 페이지에 대한 정밀조사를 하기 때문에, 게이트웨이 페이지와 다른 웹 사이트 페이지가 모두 텍스트 내에 키워드 표현을 담고 있어야 한다.

이미지 파일보다는 표준 폰트(검색엔진이 쉽게 읽을 수 있는 글자체)를 이용하면, 속도가 빨라진다는 것 외에 바로 이런 이유도 있다. 하지만 키워드 빈도를 높이기 위해 속임수를 쓸 생각은 하지 않는 것이 좋다. 검색엔진은 대개 이런 부당한 행위를 찾아내도록 프로그램 되어 있기 때문에 당신에게 페널티를 부과할지도 모른다.

검색엔진에서 목이 좋지 않은 자리에 앉고 싶은 사람은 아무도 없다. 당신의 사이트가 최고의 컨텐츠를 가지고 있고, 키워드를 제대로 쳐서 곧바로 검색되기만 한다면, 검색엔진은 자연히 당신의 가장 친한 친구가 될 것이다.

검색엔진 최적화는 당신이 직접 할 수 있다. 전문적으로 검색엔진 최적화를 대행해 주는 업체가 있기는 하지만, 고양이에게 생선 가게를 맡기는 것이 될 수도 있으므로 주의해야 한다. 이런 업체들은 널리 쓰이지 않는 키워드를 권하는 경우가 있는데, 이런 키워드들은 흔히 검색목록에 쉽게 올라갈 수 있는 있지만 많은 방문객을 끌어들이기는 어려운 경우가 많다. 이것은 위험한 전략일 수 있다. 검색엔진에 최적으로 반응할 수 있는 키워드를 결정할 때, 업체가 추천하는 키워드 표현들의 인기도를 따져 보고 이들의 실적을 조사해 보아야 한다.

메타 태그 최적화는 당신의 전체 사이트를 검색엔진에 효과적으로 부합하도록 하는 데 있어 일부분에 불과하다. Google 같은 사이트의 링크 인기도를 측정할 수 있는 정교한 기술은 날마다 새롭게 개발하고 있다. 링크 인기도는 얼마나 많은 사이트들이 당신의 사이트에 링크되어 있는가 그리고 이 사이트들의 상응하는 인기도는 어느 정도인가를 말해 준다.

　예를 들어, 수백 개의 사이트들이 당신의 사이트에 링크되어 있어서 매일 수만 명의 방문객들이 찾아온다면, 당신은 링크된 사이트들을 통해 방문객이 증가하는 이점을 누릴 수 있을 뿐 아니라, 검색엔진에서 상위 목록에 오를 수 있는 기회도 얻을 수 있다.

　이것은 어느 면에서는 인기 있는 그룹이 더욱 많은 인기를 얻게 되는 것과 비슷하다. 이런 점에서, 인기 있는 사이트와 제휴를 하는 것이 전략적으로 중요하다. 인기는 웹에서 통용되는 화폐라고 할 수 있으며, 인기 있는 사이트일수록 다른 사이트들이 링크하기를 원하기 때문에 인기가 더욱 높아지게 된다.

2. 검색엔진에 등록하라

SubmitIt.com처럼 검색엔진과 디렉토리에 자동으로 등록을 해 주는 웹 사이트와 호스팅업체들이 많이 있다. 하지만 질적인 문제를 고려한다면 직접 하는 것이 좋다. 즉 수동적인 방법으로 주요 엔진에 등록해야 한다는 뜻이다. 주요 검색엔진을 찾아내어 그들이 원하는 등록절차를 따르면 된다.

경우에 따라서 당신의 사이트를 등록하는 데 몇 주 혹은 몇 달이 걸릴 수도 있다. 사이트의 목적이 바뀌었거나 혹은 업데이트를 해야 한다면 재등록을 하라. 물론 사이트를 꾸준히 개조할 경우, 가끔 다시 등록할 기회가 있다. 검색엔진은 어떤 점에서는 보험회사와 비슷하다. 너무 많은 것을 요구하면 그들은 당신에 대해 알고 싶어하지 않을 것이다.

3. 기존의 시장을 이용하라

　어떤 웹 비즈니스 분야에 뛰어들든, 당신의 제품을 판매하기에 특히 좋은 여건을 갖추고 있는 인터넷 시장은 많이 있다. eBay도 경매 시스템에 근거하여 수많은 종류의 물건을 판매하는 인터넷 시장 가운데 하나이다. 특히 기술제품 분야에서 많은 사람들이 eBay 네트워크를 이용하여 성공적으로 거래하고 있다. 이 외에도 eBay와 같은 기능을 하는 사이트들이 많기 때문에 넷 기업가들이 의욕적으로 사이버 시장으로 뛰어들고 있다.

　도심의 시장에서 상인들이 손님을 더 많이 끌기 위해 경쟁하는 것과 마찬가지로 미래의 웹 시장도 앞으로 더욱 경쟁이 치열해 질 것이다. 온라인 시장은 당신의 제품을 운송하고 수익을 창출하고 단골 고객을 확보할 수 있도록 해 주지만, 온라인 시장의 영향을 받지 않는 독립적인 비즈니스를 확립하는 것 역시 중요하다.

　기존의 시장은 대개 매출에 대한 커미션을 요구하고, 점점 경쟁적으로 변하고 있는 환경 속에 당신을 옭아맨다. 어떤 종류의 비즈니스를 하든, 경쟁력 있는 가치를 제공한다는 것을 처음부터 고객에게 증명할 필요가 있다. 당신이 잘 알고 있는 분야를 선택하라고 말하는 것도 바로 이런 이유에서이며, 이렇게 할 때 경쟁 속에 살아남아 유리한 고지를 점령할 수 있다.

4. 링크 인기도를 높여라

    링크된 사이트의 숫자와 링크 인기도는 당신의 사이트가 흔들거리는 다리가 될 것인가 아니면 차들이 쌩쌩 달리는 10차로의 넓은 아우토반이 될 것인가의 차이만큼이나 중요한 의미를 지닌다.

    '어떻게 하면 좋은 사이트들과 링크할 수 있을까?' 너무나 자주 받는 질문 가운데 하나이다. 이에 대해 나는 시간이 많이 요구되는 일이고 어느 정도는 철면피가 될 필요가 있는 일이라고 말한다. 철면피가 되라고 말하는 것은 당신의 웹 링크를 증대시키는 데 있어 뻔뻔스러울 정도로 교묘해지라는 뜻이다.

    하루 방문객의 숫자가 고작 30명에 불과한 당신이 천 명에 달하는 사이트와 링크하려고 하는 것은 가진 것 없는 얼간이가 슈퍼모델에게 데이트 신청을 하는 것과 같다. 직접적인 접근법은 별로 효과가 없겠지만, 마음을 사로잡을 수 있는 무언가가 있을 것이다. 작은 사이트들은 인기 있는 사이트와의 링크를 위해 담벼락 아래에서 세레나데를 연주하고 있는 것처럼 말이다. 대규모 사이트들은 공동 벤처의 형태로 관련 인터넷 기업들을 사들인다.

웹을 검색하고 당신이 속한 시장이나 업종에서 인기도가 높은 사이트를 방문하여, 그들과 링크를 시도하는 데 매일 30분 이상의 시간을 들여라. 당신이 하고 있는 비즈니스와 관련이 있는 키워드로 검색된 목록에서 상위 20위 안에서 오른 웹 사이트를 찾아라.

실제로 웹 마스터들은 자신의 사이트 이용자들에게 관심이 있을 만한 사이트를 찾아서 링크하려고 한다. 때로 그들이 먼저 당신의 사이트와 상호 링크할 것을 요청하는 경우도 있다. 사람들이 정말로 원하는 컨텐츠를 가지고 자기 분야에서 최고의 사이트가 되는 것이 링크 인기도를 높이는 확실한 방법이자, 사이버 공간에서 매일 같이 일어나는 보이지 않는 전투에서 살아남는 길이기도 하다.

자신의 사이트를 한시라도 빨리 활성화시키고자 하는 열망에 차 있다면, 젊은 친구('컴퓨터만 아는 얼간이'가 적격이다)를 고용하여 링크할 만한 사이트를 검색하게 하라. 동기를 부여하기 위해, 얼마나 링크를 성공하는가에 따라 보너스를 주는 것도 괜찮은 방법이다. 젊은이들은 대부분 컴퓨터와 웹에 대해 훤히 꿰뚫고 있다. 이는 순수한 기술혁신에 대한 동경에서 비롯되는 것이다.

링크 인기도를 높이는 또 다른 방법으로 별개로 존재하는 여러 개의 사이트들을 하나의 모母 사이트에 서로 링크시키는 방법인데, 이것은 여러 개의 사이트들이 한 사이트에 소속된 형태이다. Geocities.com 같은 무료 웹 호스트를 이용하여 주요 사이트에 몇 개의 사이트를 링크시킨 다음 이 '위성' 사이트들을 검색엔진에 등록시킨다.

제휴 사이트들이 수수료를 받는 방식으로 당신의 제품이나 서비스 판매를 해 줌으로써 경제적인 이득을 가져다줄 뿐 아니라, 링크 인기도를 높이는 부수적인 효과를 가져 올 수도 있다. 스폰서 링크는 당신의 사이트를 받쳐 주는 힘이다. 웹 비즈니스에서는 링크가 무엇보다 중요하며, 성공한 그 어떤 사이트도 홀로 존재한 예가 없다.

5. 스폰서 프로그램을 개발하라

스폰서 프로그램은 또 하나의 마케팅 공간이다. 이들은 당신의 사이트에 판매나 서비스 의뢰를 보내 준 건수에 따라 수수료를 받는다. 스폰서 프로그램을 통해 판매 수익을 증대시킬 수 있을 뿐 아니라 링크 인기도를 높일 수도 있다. 스폰서 협정 체결만으로 적지 않은 수익을 올리는 사이트들이 많이 있다.

스폰서 프로그램이 어떻게 이루어지는지 알 수 있는 가장 좋은 방법 가운데 하나는 Amazon.com에서 제시하는 제휴 프로그램을 통해 당신의 사이트가 다른 사이트의 스폰서 프로그램이 되어 주는 것이다. 이런 스폰서 관계에서는 당신의 사이트가 마치 재고처리를 하는 것 같은 인상을 주어서는 안 되며, 당신의 제품이나 서비스를 보완해 줄 수 있어야 한다. 어떤 형태의 스폰서 프로그램이든 이를 통해 당신은 새로운 이용자들을 확보하여 돈을 벌거나, 그들의 사이트 내에서 당신에게 할당된

귀중한 공간을 프로그램 형식으로 공유하는 것이 중요하다. 인기 있는 웹 공간은 광고 게시판과 같다는 것을 기억하라. 이것은 매우 귀한 가치를 지닌 공간이다.

스폰서 프로그램이 방문객 숫자나 판매량에 어떤 영향을 주었는지 알아보는 것이 그 다음으로 해결해야 할 중요한 과제이다. 초보적인 방법으로 각각의 스폰서 프로그램을 당신의 서버에 있는 게이트웨이 페이지로 링크하면, 스폰서 프로그램을 통해 얼마나 많은 고객이 새로이 이름과 이메일 주소를 기입했는지 알 수 있다.

이런 단순한 방법이 아니라면, 스폰서 프로그램이 일단 활성화된 후에는 인터넷에 있는 좀더 정교한(가격도 비싼) 소프트웨어를 이용하여 스폰서 프로그램의 성과를 추적하고 관리할 수 있다. 스폰서 프로그램이 성공적으로 정착한다면 당신의 사이트에 더욱 많은 방문객이 찾아올 것이고, 자연히 링크 인기도가 높아져서, 검색엔진의 검색목록에서 좋은 자리를 차지할 수 있을 뿐 아니라, 결과적으로 매출 증가를 기대할 수 있다. 클릭으로 부자가 되기 위해서는, 방문객이 당신의 사이트를 끊임없이 찾아올 수 있는 장기적인 링크 프로그램의 개발이 무엇보다 요구된다.

6. 클릭-스루click-throughs에 대한 비용을 지불하라

비용을 지불하면 검색목록 상단에 올려 주는 서비스를 제공하는 검색엔진들이 있다. Overture.com과 About.com이 이런 서비스를 제공하고 있는데, 특정 키워드 입찰을 신청하고 입찰가격에 따라 즉각 검색엔진 목록에 올라갈 수 있는 서비스이다. Google.com이 이와 유사한 서비스를 제공하고 있는데, 특정한 키워드에 대한 페이지 임프레션(impression, 광고가 있는 웹 페이지가 방문자에게 보여지는 횟수. 광고가 페이지에 나타나야만 1 impression이 된다)을 구입할 수 있다.

이런 시스템은 검색엔진 목록의 상단에 오를 수 있다는 점에서 효과적이기는 하지만 적지 않은 비용이 든다. 투자에 대한 긍정적인 효과를 얻을 수 있는가 여부는 경쟁이 어느 정도 치열한지 그리고 좋은 자리를 얻기 위해 어떤 수준으로 입찰에 참여할 것인가에 달려 있다. 경험에 비추어 볼 때, 이런 서비스는 하룻밤 새 많은 방문객을 불러들이는 효과가 있는데, 이것은 그만큼 많은 클릭-스루(배너 광고를 클릭하는 행위)의 비용을 지불해야 한다는 것을 뜻한다. 대량으로 제품을 판매한다든지, 고가 품목 판매 혹은 고부가가치를 지닌 일감을 찾는 것이 아니라면 이런 서비스가 반드시 필요하지는 않다.

특정 키워드가 당신의 투자에 어느 정도의 이윤을 가져다 줄 수 있는지 테스트 해 보고자 한다면, 검색엔진 키워드 입찰에 참가하여 임프레션 비용을 지불하는 것이 좋은 방법이 될 수 있다.

웹 고객의 흐름은 그 자체가 어디로 튈지 모르는 럭비공과 같기 때문에, 어떤 경향이 주류를 형성하는지 늘 관심을 기울이는 것이 중요하다. 당신에게 적합한 키워드 입찰을 따내기만 한다면 샘물이 솟구치듯이 이윤이 끊임없이 뿜어져 나올 것이다.

7. 배너banner를 개발하라

인터넷 광고에 관한 조언을 들어 보면, 배너 광고는 브랜드를 알리는 목적 외에는 아무 도움이 안 된다고 생각하는 사람들이 많은 것 같다. 그러나 내 생각은 그렇지 않다. 나는 웹을 검색하다가 무엇인가 흥미로운 것이 없을까 하는 생각에서 배너 광고를 자주 클릭 해 보곤 한다. 배너가 시선을 끌고 좋은 위치에 자리하고 있을 때 특히 그렇다.

관심을 끌기에 충분한 배너를 여러 가지 다양한 크기로 많이 개발하는 것이 좋다. 링크할 사이트를 찾아 웹을 뒤지면서 당신의 사이트를 알리는 배너 광고를 붙이기에 좋을 것 같은 사이트도 함께 찾거나, 배너 교환 프로그램에 가입한다든지 혹은 시험 삼아 인기 있는 사이트에 유료 배너 광고를 띄워 보는 것도 고려해 볼 만하다.

8. 이메일을 효과적으로 활용하라

　당신과 똑같은 흥미를 가진 사람들의 모임에 가입하는 것보다 즐거운 일은 없을 것이다. 마찬가지로, 사람들이 일단 당신의 사이트에 고객이 된 다음에는 그들을 가족처럼 중요하게 대우해야 한다. 다른 비즈니스와 마찬가지로 인터넷에서도 단골 고객은 매우 소중한 자원이며, 이들이 주 고객층을 형성한다.

　새로운 고객은 자동적으로 데이터베이스나 이메일 주소록에 등록이 되어야 하고, 이메일을 통해 이들과 꾸준히 관계를 유지해야 한다. 이렇게 하는 데는 전혀 비용이 필요치 않다. 연락은 꾸준히 지속되어야 하지만, 지나치게 자주 메일을 보내서도 안 되고 지나치게 뜸해서도 안 되며, 영업 지향적인 내용만을 담고 있어서도 안 된다.

　만약 내가 고객이라면 어떤 메일을 삭제하고, 어떤 메일들을 흥미롭게 읽는지 생각해야 한다. 또한 고객들의 관심을 끌 만한 마케팅 방법이나 특별한 제안을 고민해야 한다.

커뮤니티 사이트의 경우, 잘 만들어진 뉴스레터나 인터넷 잡지를 매달 발송하면 당신의 사이트에 대한 고객 충성도를 유지하는 데 아주 도움이 될 수 있다. 이렇게 하는 목적은 당신의 제품을 사지 않는 고객에게도 지속적으로 즐거움을 주자는 데 있다. 지금 당장은 구매하지 않더라도, 그들로 하여금 당신의 사이트를 기억하도록 하는 것이다.

대부분의 이용자들은 자신과 업무관계가 있는 사람들이나 회사동료나 친구들로부터 온 메일이 아닌 경우에는 별로 읽고 싶어하지 않는다. 그러므로 이메일은 간략하면서도 고객에게 흥미를 줄 수 있는 내용을 담고 있어야 한다. 판매를 위한 것이 아니라 관심을 끌기 위한 내용이어야 한다. 그들에게 흥미와 정보를 꾸준히 제공할 수 있다면 그들은 다시 찾아오게 되어 있다. 그러나 오로지 판촉만을 목적으로 한다면, 고객은 식상함을 느끼고 당신의 이메일 수신을 거부할지도 모른다.

당신이 대접받고자 한다면 당신도 온라인 고객을 대우하라. 그러면 당신은 사이버 공간에서 많은 친구들을 갖게 될 것이다.

9. 단골 고객을 잘 관리하라

인터넷의 가장 큰 문제 가운데 한 가지는 매우 비개인적이라는 점이다. 많은 공급자들은 팽팽하게 자동화된 체제 속에서 일하고, 고객들은 마치 자동판매기에서 쇼핑을 하고 있는 것 같은 느낌을 받을 수 있다. 인터넷은 당신에게 고객들을 만나서 그들이 무엇을 구매하는지 무엇을 좋아하는지에 관해 기록할 수 있는 독특한 기회를 제공한다.

예를 들어, 당신이 인터넷에서 보석을 판매하고 있고, 최근에 여러 고객들이 당신의 사이트에서 흑진주 목걸이를 구매했다면, 막 시판되기 시작한 신제품 흑진주 귀걸이의 특별가 보증서가 담긴 이메일을 그들에게 발송하는 것은 어떨까?

10. 오프라인 시장

　사무실을 얻고 제품과 서비스를 전달하기 위한 물류망을 구축하는 등 시작부터 많은 돈을 투자하는 사람들이 많다. 하지만 시장과 연결되지 않으면 아무 소용이 없다. 시장과 연결되기 위해서는 마케팅 전략을 세워야 하고, 때로는 변덕스럽고 복잡한 기교가 필요하기도 하며, 무엇보다도 새로운 고객들의 관심을 끌 수 있어야 한다.

　새로운 사업을 시작할 때, 나는 가장 먼저 어떻게 마케팅을 할 것인가, 비용은 얼마나 소요될 것인가 그리고 어떤 마케팅 결과가 나올 것인가를 염두에 둔다. 인터넷 비즈니스는 많은 온라인 마케팅 기회를 제공해 주지만, 그 잠재력을 극대화하기 위해서는 전통적인 시장으로 과감하게 뛰어들 필요가 있다.

　가장 비용이 많이 드는 오프라인 마케팅 방법 가운데 하나는 매스컴을 이용한 마케팅이다. 광고는 당신의 사이트에 특별한 흥미를 가지고 있는 고객들을 정확하게 겨냥할 때만이 가치를 발휘하는 경향이 있다. '클릭' 비즈니스 옆에 '벽돌'을 쌓으면 오프라인 마케팅에 도움이 된다. 전화나 직접적인 광고 같은 물리적인 온라인 채널에 관심을 나타내는 고객들이 결국 웹 사이트 고객으로 전환되는 경우가 많다. 항공사들이 대개 이 방법을 이용하는데, 그들은 가격할인 혜택을 통해 고객들이 온라인 예약을 하도록 유도한다.

제인을 기억해 보자. 그녀는 독특한 그래픽 이미지를 온라인에서 팔기 위해 자신의 웹 사이트를 만들었다. 그 이후 지금까지 긴 여정을 걸어오고 있다. 이미지 뱅크를 만들고 프린터를 이용하여 아트 프린트, 그래픽 프린트 그리고 포스터를 주문생산하고 있다.

웹 사이트가 만들어진 후, 아파트에서 함께 세 들어 살고 있는 친구 릭의 부주의로 인해 집 안을 온통 태워 버린 일이 있었다.

그가 촛불을 켜 둔 것을 잊고 외출을 하는 바람에, 책상 위에 놓여 있던 서류더미로 불이 옮겨 붙었고, 그 불이 커튼으로 번져 결국 집을 몽땅 태워 버리고 말았던 것이다. 오후에 집으로 돌아온 제인은 집 주변에 소방차들이 몰려와 있는 것을 보고서야 알게 되었다. 그녀가 집 가까이 다가가자 매캐한 연기가 목을 죄이고 열기가 후끈 얼굴에 끼쳐 왔다.

지난 3년 동안 집이라고 부르던 그 곳은 이제 그녀의 눈앞에서 잿더미로 무너져 내리고 있었다. 곧이어 릭이 도착했다. 그때 제인의 뇌리에 가장 먼저 떠오른 걱정은 웹 사이트와 그날 밤 입력해야 할 자료들이었다.

이제 겨우 시작이기는 했지만, 온라인 컨설팅업체의 도움을 받아 마케팅을 한 결과, 사이트 방문객 숫자가 눈에 띄게 증가하고 있었고 이제 제법 수지가 맞는 시점으로 들어서고 있던 참이었다. 하루하루가 너무나 바쁜 나머지 다른 곳에 정신을 쏟을 여가는 엄두도 내지 못할 정도였다. 이것은 정말 고무적인 일이었다. 까맣게 잿더미로 변하는 일만 없었어도 말이다. 인생을 살다 보면 상황을 그저 두고 볼 수밖에 없는 순간, 즉 하늘을 보며 웃고 지나치는 것말고는 아무 것도 할 수 있는 것이 없다는 것을 깨닫게 되는 순간이 있다. 처음 사업을 시작하던 시절에 나는 이것을 배우게 되었고, 젊었던 그때를 돌이켜 보면 가난했지만 행복했었다. 바로 제인이 그랬다.

불타오르는 연기에 목이 메인 채 허탈하게 웃으면서 뒤로 물러선 제인은 릭에게 작별 인사를 하고 인터넷 카페로 발길을 돌렸다. 처리해야할 주문서가 있었고, 제품운송이 늦어질 수밖에 없게 되었다는 사실을 고객들에게 알려야 했다. 모든 것이 잿더미 속에 묻혀 버린 지금 그녀는 프린터를 가지고 가능한 한 빨리 주문을 처리해야 했다.

고객을 늘리는 가장 좋은 방법은 바로 웹 사이트 마케팅이라고 볼 때, 제인이 한 달에 5천여 명의 방문객이 찾아오는 웹 사이트를 만들어 온

과정 속에서 우리는 흥미로운 점을 발견하게 된다. 그 첫 단계가 자신의 사이트를 검색엔진에 신중하게 최적화하는 일이다. 각 페이지를 시작할 때마다 다음과 같은 메타 태그를 삽입했다.

```
<html><head>
<title>photos prints posters frames art</title>
<meta NAME="KEYS" CONTENT="Photos Posters Art Prints
Motivation Inspiration Van Gogh Picasso Music Sports Scenic">
<meta NAME="KEYWORDS" CONTENT="Photos Posters Art
Prints Motivation Inspiration Van Gogh Picasso Music Sports
Scenic">
<meta NAME="DESCRIPTION" CONTENT="Photo, Print and
Wall Art Store. Motivation Prints, Art Prints, Music, Sports and
Scenic Prints and Posters...">
```

이와 같은 최적화에서 중요한 것은 사이트가 찾고 있는 검색엔진 키워드를 타이틀이 모두 포함하고 있다는 점이다. 이 분야에서 정보가 필요한 경우, 대개 아트 포토art photos 혹은 월 포토wall photos라고 키워드를 입력하게 되는데, 타이틀 속에 이 말들이 포함되어 있다.

다른 검색엔진에서도 상호 교환적으로 이용될 수 있는 '키워드'가 가장 이상적인 검색어이다. 이것은 매우 중요한데, 사이트가 가지고 있는 키워드를 태그하기 때문이다. 제인은 각 페이지 내에 관련 키워드가 발견될 수 있도록 했다. 페이지마다 메타 태그의 키워드를 포함시키고 설명내용은 복사하거나 그 속에 담겨 있는 내용에 맞게 조절했다.

예를 들면, 어떤 특정한 페이지가 미카엘 조단의 이미지를 포함하고 있고, 따라서 '미카엘 조단 프린트' 혹은 '미카엘 조단 포스터' 같은 표현들이 검색에서 찾아질 수 있도록 '미카엘 조단'을 그 페이지의 중요 표현 속에 포함하고 있는 것이다. 이런 식으로 수백 개의 페이지들이 거미줄처럼 자리 잡고 있으면서 검색엔진에 의해 검색되기 때문에, 몇 개월이 지나자 가장 선호되는 검색엔진 목록 중에 하나가 되었다.

다음에 나오는 메타 태그는 위에서 제시한 메타 태그 다음에 곧바로 이어지는 내용이다. Google.com의 태그를 예로 든 것으로 보트(bot, 인터넷상에서 사용자가 원하는 일을 수행해 주는 소프트웨어)가 웹 사이트를 주기적으로 방문하여 검색엔진의 색인을 위한 콘텐츠를 모으는 일을 한다.

<meta name="revisit-after" content="15days">

<meta name="robots" content="all, index, follow">

<META NAME="GOOGLEBOT" CONTENT="NOARCHIVE">

이렇게 한 다음 제인은 주요 검색엔진의 URL 폼을 이용하여 수동으로 등록했다. 몇 달에 걸쳐 사이트를 변화시켜 나가는 동안, 주기적으로 목록을 체크하고 업데이트를 해 나갔다. 더욱 중요한 것은 사이트를 등록하는 한편으로 링크를 하기 위한 방법을 꾸준히 모색했다는 것이다. 그녀가 찾아 낸 가장 빠른 방법 가운데 하나는 제휴 프로그램을 통한 마케팅이었다.

다른 사이트의 웹 마스터들은 헤비메탈 웹 사이트를 위한 메탈리카 이미지 혹은 비즈니스 사이트를 위한 영감을 주는 이미지 등의 특별한 이미지를 구입하려는 이용자들을 제인의 사이트에 신속하게 연결시켜 줄 수 있었다. 그리고 제휴 사이트들은 제인의 사이트에서 얻어진 판매에 대한 수수료로 수익을 얻었다. 이러한 계약 관계를 통해 제인의 사이트를 찾는 방문객이 증가하면서 판매량과 링크 인기도도 향상되었다.

오프라인 마케팅 또한 중요한 부분인데, 제인은 판매업자들에게 전화를 걸어 포스터뿐 아니라 아트 프린트와 포토 프린트를 할인가격으로 구매하도록 장려했다. 사이트가 일단 상당한 수익을 올릴 정도가 되자, 사업의 성장에만 집중할 수 있게 되었다. 웨딩촬영의 보조역할이나 별 수익도 없이 오랜 시간을 매달려야 했던 단조로운 일들을 그만둘 수 있게 된 것이다. 지금 그녀는 부모님 집으로 다시 들어가 쓰지 않는 방을 임시작업실로 이용하고 있다.

탈출구라곤 보이지 않는 빈곤, 잘못된 길로 빠져든 친구들 그리고 잠깐 동안 사귀었던 남자친구가 인생의 전부였던 지난 날, 그녀는 부모님과의 관계를 참을 수 없어서 집을 뛰쳐나왔었다. 부모님은 그녀를 걱정했지만, 그녀에게는 숨이 막힐 것처럼 쏟아지는 질문과 하소연으로 밖에는 여겨지지 않았다.

그녀의 삶이 성공해 가면서, 새로운 행복의 느낌, 안정되고 평화로운 기분을 느꼈다. 그녀는 마침내 실제로 전망이 있고, 그녀 자신뿐 아니라 부모님에게도 자부심을 가져다 줄 수 있는 일을 하고 있게 된 것이다. 현재의 수익대로라면 몇 년이 지나지 않아 꿈에도 그리던 집을 구입할 수 있을 터였다.

인터넷 비즈니스를 시작하고 운영하는 일은 순풍에 돛을 단 듯이 쉬운 일만은 아니다. 이 책에 쓰인 내용들은 새로운 사업을 시작하는 것에 관한 것이다. 당신에게 필요한 것은 '나도 할 수 있다! 성공할 수 있다!'는 흔들림 없는 태도이다. 처음에는 천천히 일을 시작할 수 있어야 하고, 어쩌면 낮 동안에는 다른 일자리를 찾아야 할지도 모른다. 힘든 시간이 될 것이다.

그러다 일이 본궤도에 오르고 은행계좌에 적지 않은 돈이 들어오기 시작할 때가 온다면 전력투구하여 말 그대로 돈을 벌어들일 때이다. 아무 것도 영원한 것은 없다. 사업은 그 당시에 시장을 지배하는 특정한 흐름에 달려 있다. 한 가지 아이디어로 수백만 달러를 벌어들일 수도 있고 어느 순간 모든 것을 다 날려 버릴 수도 있다. 당신이 해야 할 일은 기회를 포착하는 능력을 예리하게 갈고 닦은 다음, 남보다 앞서서 한 걸음 먼저 기회를 면밀히 검토한 후 행동으로 옮기는 것이다. 직접 해 보기 전에는 그것이 어떨지 알 수가 없는 일이다.

많은 사람들은 일상의 생활을 깨뜨리지 않기 위해 100% 만족하지 못하는 일을 하느라 얼마 되지 않는 월급에 매달리다가 퇴직을 한다. 기업가 정신은 누구에게나 해당되는 것은 아니며, 완벽하게 만족할 수 있는 일을 하며 자신의 삶을 꾸려 갈 수 있는 사람들에게 있다. 그리고 이 책을 손에 든 당신에게 이미 자신이 원하는 일을 하고 싶다는 열망이 있다는 뜻이다. 당신은 자신의 운명을 스스로 제어하고 싶어하며, 최후의 날을 마주하느라 지루한 싸움을 계속하고 싶은 생각은 없다. 당신은 부자가 되고 싶을 뿐이다.

부자가 된다고 해서 사람이 더 행복해지는 것은 아니지만, 은밀하게 도사리고 있는 근심의 한 층을 제거할 수는 있다. 내일 일하지 않아도 되고 충분한 수입이 계속 들어온다면, 그리고 이것을 당신도 알고 있다면, 분명한 만족감으로 뿌듯해 질 것이다. 불안정하고 변하기 쉬운 직업의 세계에서 재정적인 안정을 통해 느끼는 커다란 자유가 있기 때문이다.

어떤 사업에서든 결국 중요한 것은 사업 자체보다는 그 뒤에 있는 사람이다. 나는 개업을 한지 몇 개월만에 장사가 잘 되지 않아서 문을 닫고만 레스토랑을 보았다. 얼마 후, 다른 사람이 그 곳을 인수해서 새로 레스토랑을 개업을 했다. 그런데 그 사람은 이 레스토랑에서 성공을 했고, 그 성공을 기초로 지금은 도시 이곳저곳에서 여러 레스토랑을 운영하고 있다. 백만장자가 된 것이다. 이 두 명의 레스토랑 주인은 아주 다른 기업가적 지혜를 가지고 있었다.

뛰어난 기업가들은 다르게 사고하는 것을 두려워하지 않으며, 직접 뛰어들어 시도하고, 포기하기보다는 문제의 해결방법을 끊임없이 찾는다. 그들은 성공을 향한 추진력을 가지고 있다. 그 힘은 마라톤 선수의 등 뒤에서 불어오는 강한 바람과도 같다. 다음 장에서 당신은 당신의 추진력을 보게 될 것이다.

8장

클릭하라 그리고 부자가 되라

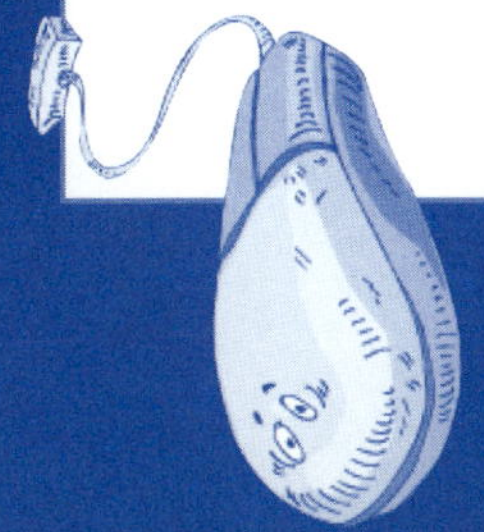

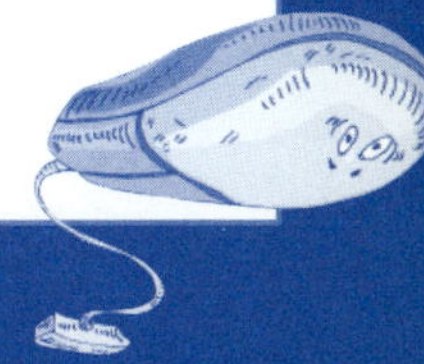

　왜 어떤 사람들은 성공하고 어떤 사람들은 실패하는 것일까? 도대체 성공한다는 것은 무엇일까? 돈을 많이 버는 것 아니면 자신이 원하는 생활방식대로 사는 것인가? 성공에는 희생과 용기가 따른다. 복권에 당첨되어 부자가 된 사람은 단지 운이 좋은 것으로 여기지만, 사업을 해서 힘겹게 부자가 된 사람은 성공한 것으로 인식된다. 장기적인 안목에서 보는 성취란 안이한 것을 버리고 더 나은 미래를 위한 무엇인가를 소유하는 것이다.

　결국 누가 성공을 평가하는가? 대개의 경우 우리 주변에 있는 사람들이 한다. 그들은 성공을 축하하면서 한편으로는 부러워한다. 하지만 당신 자신의 성공을 최종적으로 평가하는 사람은 결국 자신이다. 성공의 거울은 당신에게 자신의 재능과 능력으로 할 수 있는 최선을 다했는지 묻는다. 문제는 많은 사람들이 어디에 자신의 재능이 있는지 알고 있지만, 이것들을 어떻게 활용해야 하는지 모르고 있다는 데 있다.

어떻게 이를 깨뜨릴 수 있는 돌파구를 찾아서 우리의 재능, 목표 그리고 꿈에 어울리는 성공을 획득하는 방법을 찾아낼 것인가? 아마도 이것은 이를 찾아낼 수 있는 상황에 우리가 놓이느냐 하는 문제로 귀결될 것이다.

제2차 세계대전에서 뛰어난 지도력을 발휘하며 대영제국의 승리를 이끌었던 윈스턴 처칠을 생각해 보자. 영국 국민들을 이끌 지도자로서 그는 국민들이 가장 필요로 하는 그 순간에 비로소 수완을 발휘했다. 전쟁 전 처칠은 별반 눈에 띄지도 않았고, 그런 일에 관심도 없어 보이는 성마른 성격의 미몽에서 막 깨어난 듯한 정치인으로 알려져 있었다. 여러 해 동안 지속된 전쟁은 그의 내면에 불을 당겼다. 무작정 그런 상황이 찾아와 주기를 기다린 것이 아니라, 그의 내면은 기회와 사건이 제대로 주어지기만 한다면 언제든 발사될 준비가 되어 있었던 것이다.

우연성의 심리는 모든 사람에게 적용된다. 살다 보면 누구나 뛰어난 능력을 발휘할 수 있는 기회와 성취감으로 기쁨을 누릴 수 있는 상황이 있다. 처칠에게도 그런 기회가 찾아 온 것이다. 그리고 그 기회를 어떻게 활용하느냐는 자신의 몫이다.

제2차 세계대전 동안 처칠은 뒤로 물러나 앉아 있을 수도 있었지만 그는 그렇게 하지 않았다. 그는 헌신을 선택했고, 성공을 선택했다. 인생은 이처럼 우리에게 자신의 재능을 뒤에 묶어 둔 채 쉬운 삶을 살 수 있는 기회를 주기도 하고, 일을 시작하고 성공을 향해 노력할 수 있는 기회를 주기도 한다.

클릭하여 부자가 되기 위해, 웹 비즈니스가 가져다 준 폭넓은 기회를 성공시키기 위해 아니면 어떤 비즈니스를 하고 있든, 시기가 좋고 나쁨에 상관없이 뒤에서 계속 밀어붙이는 힘이 되어 줄 계기가 우리에게 있어야 한다. 지쳐서 주저앉고 싶을 때, 부단히 힘을 불어넣어 줄 방법을 어쨌든 찾아야 한다. 이렇게 하기 위해서는 당신의 믿음을 최대화시켜야 한다. 인터넷은 공장을 지을 필요도 없고 기계 설비를 갖추거나 전일제로 직원을 고용하지 않고도 얼마든지 다양한 사업에 뛰어들 수 있는 기회를 주고 있다. 어떤 일을 하든, 특히 그것이 어느 정도 자리를 잡았을 경우, 좋은 시기에도 그렇지 못한 시기에도 당신을 떠받쳐 줄 확신과 추진력이 요구된다.

당신은 무엇을 좋아하는가? 당신은 무엇을 잘 하는가? 직업으로 선택할 만하다고 믿고 있는 일은 무엇인가? 이것은 어려운 질문이지만, 우리의 이상이 자신이 존경하는 사람들로부터의 지지와 기회로 합쳐질 때 가장 적절한 해답이 얻어진다. 재능에 대한 다른 사람들의 인정이 중요하다. 주변의 누군가가 우리가 해야 하는 무엇에 대해 진정으로 인정해 줄 때 그것은 기쁨이다.

부모님, 친구들, 아이들 그리고 비즈니스 파트너들, 서로가 서로에게 이 작은 선물을 주려고 의식적으로 노력한다면, 세상은 더 풍요로워질 것이다. 다른 사람이 가진 훌륭한 무엇인가를 내가 인정해 줄 때, 내가 성공하기까지 인내하며 도와 준 사람들의 사랑을 더욱 확실하게 내 것으로 만들 수 있다. 우리가 사람들에 대해 더 잘 이해할 때, 그들을 우리의 고객으로 만들 수 있는 것과 마찬가지로 말이다.

나와 친한 친구 한 명이 최근에 영국에서 전망 좋다는 새로운 사업을 시작하려고 준비하면서, 이메일을 통해 몇몇 친구들에게 SWOT 분석을 해 줄 것을 부탁했다. 그때 나는 SWOT라는 비즈니스 평가 툴이 단순히 재미로 하는 것에 지나지 않는다고 생각했었지만, 우리를 가장 잘 알고 있는 사람들로부터 분석을 받는 이 방법이 상당히 혁신적이면서도 현명한 분석형태라는 것을 뒤늦게 깨닫게 되었다.

SWOT란 강점strength과 약점weakness — 비즈니스나 사람의 내부에 존재하는 — 그리고 기회opportunity와 위협threat — 우리를 에워싸고 있는 외부적인 요소들 — 의 약자이다. 우리는 누구나 강점과 약점을 가지고 있고, 우리에게 다가오는 기회와 위협은 좀더 자주 발견된다. 비즈니스 자체는 자랑스러울 것도 그렇지 못할 것도 없는 존재이다. 우리는 유명한 대학으로부터 학위를 받아야 할 필요는 없다. 동창회라는 인맥에 의존해야 할 필요도 없다. 우리가 필요로 하는 것은 다소 뻔뻔스러움, 기꺼이 시도하려는 적극성, 다른 사람들이 필요로 하는 것과 원하는 것을 충족시키려는 관심 그리고 추진력이다.

이러한 추진력을 얻을 수 있도록 도움을 받기 위해, 자신과 가장 가까운 사람들로부터 당신에 대해 SWOT 분석을 하도록 만드는 것이다. 우선 그들에게 당신의 비즈니스 아이디어와 그것을 어떻게 진행해 가고 있는지 말해 주어라. 사람들이 당신의 생각을 부정적으로 비판할 때, 흔들리지 말고 자신의 결심을 밀고 나아가라. 비판은 흔히 그들의 불안정성을 가리기 위한 방패이다. 당신의 성공을 소중히 여기는 현명한 사람들이라면 비판에 앞서 당신에게 용기를 준 다음 회의적인 반응을 조심스럽게 드러낼 것이다. 성공을 느끼고 자신들의 거울 속에서 성공을 보는 사람들은 대개 비판할 필요를 덜 느낀다. 그들은 다른 사람들의 성공을 기꺼이 축하해 줄 준비가 되어 있는 것이다.

추진력은 비전을 필요로 한다. 조직은 의무를 규정하고, 비전은 조직이 스스로를 어떻게 보는지, 세상에 무엇을 주고 싶은지 그리고 미래에 무엇이 되고 싶은지에 관한 표출이다. 이것이 오늘날과 같은 현대사회에서 성공하기 위해 필요한 중요한 요소라면, 당신이 가장 중요하게 생각하는 조직에 이것을 적용시키지 못할 이유가 무엇이겠는가? 그것은 단 하나의 조직, 바로 당신이다.

스스로 올바른 비전과 추진력을 찾으려고 노력할 때, 우리는 흔히 다른 사람들에게서 그것을 가장 분명하게 보게 된다. 가끔은 영화나 이야기 속에 나오는 등장 인물에서 찾기도 하고, 우리 주변의 역할 모델이나 정신적 지주에게서 발견하기도 한다.

개인마다 여러 가지 많은 측면을 가지고 있기에, 성공한 사람들을 눈으로 직접 보는 것은 놀라운 경험이다. 우리는 그들을 통해서 지금 우리를 붙잡고 놓아 주지 않는 것과 똑같은 실패를 그들도 수없이 반복하며 극복해 왔다는 사실을 잊지 말아야 할 것이다.

동기유발에 관해 공부하면서, 우리가 만약 우리 자신의 목표나 운명을 강하게 확신한다면, 자연의 법칙에 따라 그것은 실제가 될 수 있다는 한 가지 추론에 도달하게 되었다. 그리고 회의적인 사람들의 주장에 대해 나는 그들이 어떻게 이런 주장을 하게 되었는지 의문을 던지기 시작했다.

몇 년 전, 학교 동창 한 명이 약혼을 했다. IT 분야에 종사하고 있었던 그는 경제적으로 비교적 안정되어 있어서, 결혼하기 전에 이미 새 집과 필요한 온갖 살림살이를 다 갖추고 있었다. 반면에 그의 아내가 될 여자는 거의 가진 것이 없어 보였다. 그때 나는 확신할 수는 없었지만 돈이 그녀의 결혼 동기라는 생각이 뇌리를 스쳤다. 몇 년이 지난 후, 내가 여전히 그녀는 돈 때문에 결혼했다고 생각하고 있었을 때에도 그녀는 행복한 결혼생활을 하고 있었다. 나는 이런 생각을 한마디도 입 밖에 내지 않았음에도, 놀랍게도 그녀는 나의 마음을 읽고 있는 것 같다는 생각이 들었다. 친절하게 대하려는 나의 노력에도 불구하고, 나는 무의식적으로 이런 느낌을 드러냈던 것이다. 시간이 흐르면서 물론 나의 생각이 잘못되었다는 것이 입증되었고, 나는 무엇보다도 나 자신의 불신에 대해 슬픔을 느꼈다.

동기라는 관점에서 보자면, 우리가 자신의 비전, 목표 그리고 성공으로 가는 길을 스스로 믿을 때, 다른 사람들도 우리로부터 흘러나오는 무의식적인 신호를 보고 자연히 그 꿈이 마치 현실인 것처럼 행동하는 것이다. 우리의 실제를 형성하는 신념은 결코 동기가 찾아오기를 기다리는 주술적 주문이 아니며, 인생에서 논리적으로 입증되는 것이다.

정말로 사람들을 뒤로 멈칫거리게 만드는 것은 자신이 그 일을 할 수 없을 것 같다든지 그 일을 성공시키기에는 너무나 어렵다고 여기는 잘못된 느낌이다. 우리는 자신의 생각이라는 음악을 통해 세상을 경험하고, 이것은 우리가 무엇을 할 수 있고 어떤 사람이 될 수 있는지에 대한 지각을 우리로 하여금 갖게 한다.

영화에서 그랜드캐니언을 보고 그 장엄함에 매료된 나머지 직접 그곳에 가 보기로 결심한 어떤 남자에 관한 이야기가 생각난다. 그랜드캐니언에 도착하자 그 남자는 자신의 눈앞에 펼쳐진 모습에 실망한 나머지 영화에서 보았던 것과 다르다며 불만스러워했다. 그리고 이유를 곰곰이 생각하던 중, 그 곳은 똑같은 그랜드캐니언이지만 영화에서는 장엄한 클래식 음악이 울려퍼지는 가운데 감동이 배가 되었다는 사실을 뒤늦게서야 깨달았다. 그랜드캐니언의 장엄함에 색깔을 덧입혀 준 것은 음악의 힘이라는 것을 깨달았던 것이다. 당신은 비즈니스의 성공을 떠받쳐 줄 멈출 수 없는 추진력을 형성하기 위해, 당신의 머릿속에서 아무 것도 불가능한 것은 없다는 배경 음악을 연주할 수 있어야 한다.

재미있는 것은 전혀 성공할 것 같지 않던 사람이 큰 성공을 거두기도 한다는 점이다. 돈도 없고 능력도 없어 보이는 데다가 기회마저 놓치기만 하는 사람이 어떻게 성공을 거둘 수 있는 것일까? 대답은 다시 개인의 추진력과 비전에 귀결되는데, 이 둘은 불가피한 잘못, 실수 그리고 실패를 압도하기 때문이다. 그러나 당신이 미처 생각지도 못한 아이디어를 놓고 고심하거나, 특정 분야에서 당신이 성공을 거두기도 전에 이미 어떤 지위에 올라 있는 사람들에게 신경을 많이 쓴다면 당신은 성공하기 어려울지도 모른다. 실패라는 걸림돌이 성공으로의 도약을 무의식적으로 끌어당기게 될 것이기 때문이다.

비전과 추진력을 가지고 있으면서도 어떤 한 가지 아이디어에 매달려 헛되이 스스로를 지치게 하는 사람들이 많다. 그들은 수입을 늘이거나,

가치 있는 무엇인가를 하거나 혹은 담보대출금을 상환한다거나 보트를 사려는 어떤 특정한 목표를 추구할 수 있는 단계에 이르렀음에도 자신을 혼란스럽게 하는 길로 접어드는 것이다. 어떤 사람들은 충분히 가능성이 있는 아이디어를 놓고 자유로운 토론을 하지만, 문제가 있다는 생각만 들면 매번 아이디어를 버림으로써 어떤 일도 제대로 시작하지 못하는 경우도 있다.

일반적으로 사람들이 당신의 아이디어를 사려고 한다든지 다른 비즈니스 분야에서 벌써 그것을 판매하고 있다면, 시장이 있다는 뜻이다. 요컨대 그 다음 중요한 것은 아이디어라기보다는 기술과 아이디어 이면의 기업가적인 인내이다. 위험을 감내 하고 끈기 있게 견디어 내는 것은 지극히 어려운 과정인데, 이것은 기존에 익숙해져 있는 상황 속에 머물고 싶어하는 인간 본성에 위배되는 것이며, 지금 당장 가지고 있지 않으면 없는 것이나 다름없다고 여겨질 수 있기 때문이다.

특히 매달 어김없이 들어오는 월급이 주는 안정감에 익숙해져 있는 사람들은 새로운 비즈니스 아이디어를 궁리할 때, '죽을 계획'을 세우는 경우가 있다. 그들은 사업 계획을 구상한 다음, 어떤 문제가 도사리고 있을지도 모르고, 자신들의 머릿속에 든 아이디어 속으로 결국 익사해 버릴지도 모른다는 의구심에 가득찬 채 바다를 향해 떠나는 것이다.

대개 전진을 위한 최상의 방법은 행동과 신중한 실험이다. 은행대출이나 자금을 요하는 사업 계획에는 때와 장소가 있다. 이런 자금을 지원 받는 일이 어렵다는 점을 고려할 때, 새로운 사업을 시작하는 사람들에게 있어, 가장 좋은 사업구상은 편지지 뒷면에 긁적이며 적는 아이디어에서 만들어진다.

웹 비즈니스를 시작했을 때, 나는 사업구상을 신중하게 손으로 작성하라는 기존의 조언을 따랐다. 계획서를 만들어도 일을 하다 보면 계획서의 범위를 넘어 계속 달라졌기 때문에 원래의 계획은 아무런 소용이 없었다. 그러다 보니 남겨진 것은 인터넷을 통해 전세계 고객들에게 서비스를 제공하고자 하는 마음속에 품은 비전뿐이었다.

일을 계속 진척시키도록 나를 독려한 것도 힘들게 작성한 계획이 아니라 마음속에 간직한 비전이었다. 후에 벤처자금을 모집하고자 했다면 그 계획이 유용했을지도 모른다. 하지만 나의 경우에는 그때까지 구상하던 일에 있어서 전체적으로 많은 변화가 있었고, 따라서 새로운 계획을 세워야만 했다.

하버드 대학에서 최근에 행한 기업가 정신에 관한 연구에 따르면, 가장 성공한 기업가들로 꼽히는 경영자들은 사업을 시작할 때 형식적인 계획서를 작성하는 경우가 거의 없다고 한다. 그들은 계획을 세우느라 시간을 낭비하기보다는 돈이 될 수도 있고 어떤 경우에는 쓸모 없는 것이 되어 버릴 수도 있는 아이디어와 행동으로 상황에 신속하게 접근하며 융통성 있게 대응한다는 것이다.

　행동할 때 추진력은 더욱 강해진다. 늘 부정적인 가능성과 결과에만 직면하다 보면, 그 일을 하려는 결심 자체가 흔들리게 된다. 나는 불필요한 것을 없애려다가 중요한 것까지 모두 던져 버리라거나, 계획을 아예 세우지 말라는 말을 하려는 것이 아니다. 당신이 진입하려고 하는 시장과 산업 분야에 대한 확실한 감각을 가지고 있어야 하는 것이 더 중요하다는 것이다. 이것은 이론보다는 행동하는 감각을 통해 가장 잘 발휘된다는 말을 하고 있는 것이다. 말하고, 쓰고, 계획을 세우기는 쉽지만 남보다 먼저 한발을 내딛기 위해서는 남다른 노력이 필요하다. 그것은 항구를 떠나 바다로 나갈 것을 요구한다.

　오늘날 사회는 직업의 안정성이나 확실성을 제시하지 못한다. 어떤 조직의 정상에 있지 않는 한, 직장은 당신 자신을 지키고 생활을 유지하는 정도의 대가만을 지불한다. 인수, 매각 그리고 구조조정이 다반사인 시대에 평생의 안정성을 보장하는 직장을 운운하는 것은 시대착오적인 생각이다. 사람들은 나에게 직업이 주는 안정감을 상실한 적이 있느냐고 자주 묻는다. 나의 대답은, 비록 사업이 기복을 겪기는 했지만 많은 고객을 확보하고 있기 때문에 내가 직장에 다녔다면 느꼈을 정도보다 더 강한 안정감을 느낀다는 것이다.

　만약 당신이 직장에 다니고 있다면, 당신의 고객은 단 한 명뿐이라고 할 수 있다. 당신의 노동력을 사고 있는 조직이 그것이다. 고객들 가운데 내일부터 나타나지 않을 고객도 있고 나로 하여금 장황하게 많은 설명을 늘어놓도록 만드는 고객도 있지만, 내가 수입을 의존할 수 있는 더 많은 수백 명의 고객들이 있다는 것도 나는 알고 있다. 마치 항상 그 곳에 있는 것처럼 보이는 월급은 사람들에게 잘못된 안정감을 심어 주고 결국 빈약한 주머니를 뒤지게 한다. 매달 확실한 월급이 들어올 때, 거액의 담보대출을 받거나 소비로 인해 빚을 지기가 쉽다.

그러나 사업을 할 때는 돈을 저축해야 할 좀더 강력한 동기가 생기게 된다. 계절적인 영향으로 사업이 부진하거나 확장을 위해 투자를 해야 할 필요성을 염두에 두지 않을 수 없기 때문이다. 그리고 당신 자신의 노동력보다는 돈이 훨씬 더 쉽고 신속하게 더 많은 돈을 벌어들인다는 중요한 개념을 깨닫게 될 것이다.

찰지 핸디 같은 분석가들과 빌 게이츠 같은 지식물결Knowledge Wave의 선두주자들은 미래 세상이 어디에서 만들어질 것인가를 정확하게 간파하고 있고, 우리들 또한 그것이 다른 형태와 모양을 띤 세상이라는 것을 알고 있다. 직업의 안정성은 이제 과거의 산물이 되고 있다. 집에서 통신망을 통해 전세계와 연락하는 포트폴리오 노동자portfolio worker가 미래 노동자의 모습이 될 것이다. 지식물결을 부여잡고 올라타는 것이 중요한 것은 바로 이 때문이다.

세계가 인터넷이라는 3차원 공간으로 연결됨에 따라서 전통적인 산업과 직업은 사라져 가고 있다. 모든 산업 분야의 중심이 되었던 부동산의 역할 자체가 변화하고 있는 것이다. 초점이 점차 집에서 하는 일에 맞춰지고 있으며, 집은 웹 거래를 위한 기지로써 중요성이 더해 가고 있다. 미래에는 집에서 일하고 온라인으로 중요한 서비스와 연결되는 사회의 도래를 암시하고 있으며, 아침부터 출근하기 위해 복잡한 도심으로 들어가야 할 필요가 더 이상 없게 되고, 도시의 면모도 달라질 것임을 예고하고 있다.

우리 집에서는 내가 모든 가정생활에 필요한 비용, 은행거래, 도서구입 등을 온라인으로 처리하고 있다. 친구들과 약속을 정하는 일도 이메일을 통해서 하며 가끔 직접 시장을 돌아다니고 싶을 때를 제외하면 장을 보는 일도 온라인으로 한다.

인터넷의 충격은 지식물결로부터 태동하기 시작하여, 이전에 영화에서나 봐 왔고, 지금은 당연하게 여겨지고 있는 기술의 경이로운 세상을 만들어 가고 있다. 세계는 점점 더 온라인화 될 것이다. 오프라인 공급자들은 경쟁력을 발휘할 수 없게 될 것이다.

예를 들어, 휴가를 보내기 위해 비행기와 호텔을 예약할 때, 호텔 시설과 객실의 전경뿐 아니라 필요한 모든 비용과 정보를 온라인에서 비교한다. 인터넷에서 볼 수 없는 호텔은 아예 선택에서 제외된다. 이런 유형의 소비행동이 앞으로 점차 사회적인 규범이 되어 가는 것이다. 그러 므로 오프라인 비즈니스가 3차원의 온라인 비즈니스로 확장해야 할 필 요성으로 인해, 웹 디자인과 개발의 수요가 늘어나게 된 것이다.

이 책을 지금까지 읽었다면, 당신은 새로운 온라인 비즈니스 혹은 기 존의 '벽돌&시멘트'로 된 비즈니스를 인터넷이라는 3차원 공간으로의 확장을 통해서 수입을 증대시킬 수 있다는 약속의 신호를 이미 받은 것 이다.

우리는 지금까지 새로운 아이디어를 구상하고, 인터넷이라는 매개체 에서 시장성이 있는지 조사하고 웹 비즈니스 운영의 예와 주의할 점을 살펴보았다. 또한 사이버 공간에서 실행 가능한 웹 사이트를 구축하는 과정을 직접 체험했고, 인터넷의 흐름과 접목할 수 있는 파이프라인을 연결하고 매출 증대를 위한 새로운 웹 사이트 마케팅 방법을 이야기했 다. 그리고 피터, 리즈, 필, 클레어, 제니스, 힐러리 그리고 제인 같은 전 형적인 '넷 기업가들'을 만났으며, 지식경제 비즈니스를 이룩한 그들의 성공 스토리를 따라가 보았다.

남 못지 않은 제품이나 서비스를 제공하고, 잘 만들어진 웹 사이트를 통해 인터넷의 사이버 거래에 성공적으로 접속한다면, 당신은 클릭으로 부자가 되는 길에 멋지게 들어선 것이다. 많은 자금을 투자한다거나 가 슴을 억누르는 위험에 노출되지 않고도 이 모든 것을 해 낼 수 있다. 일을 착수할 수 있는 추진력이 당신에게 있고, 비전과 결심이 있다면 채무를 갚고 생활의 질을 향상시키며 자신의 꿈을 실현시키려는 야망은 이제 본궤도에 오른 것이다. 일단 사이트가 가동되어 운영되기 시작하면, 사이트를 관리하고 사이트로의 고객 방문이 매출로 이어질 수 있도록 하기 위한 과제들을 해결해야 한다.

다음 장에서는 사이버 공간에서 매일 패킷단위로 과금을 회수하는 엔진의 내부가 어떻게 생겼는지 들여다보게 될 것이다. 또 방문객을 매출로 전환하고, 낮 동안에 다른 직업에 종사하거나 가정을 돌보면서 혹은 기존의 다른 비즈니스에 종사하면서 동시에 온라인 비즈니스를 운영하는 것에 관해 살펴보려 한다.

9장

매출로 연결시켜라

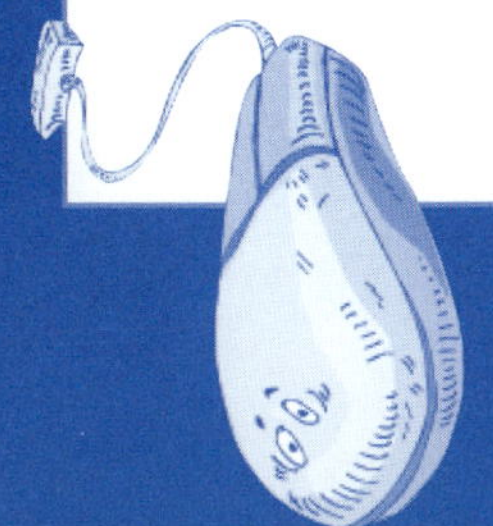

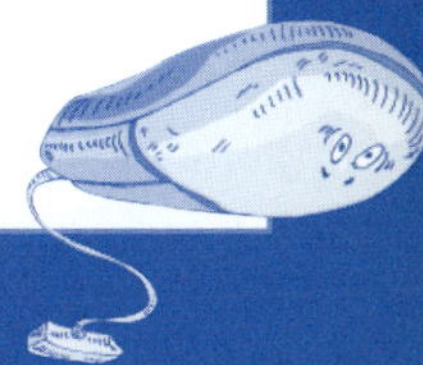

웹 사이트를 디자인하고, 이것을 인터넷에 연결시킨 다음, 당신의 사이트를 다른 사람들에게 선전하면, 수천 명의 방문객이 찾아들 것이다. 그리고 찾아 든 방문객들을 손님으로 연결시켜 거래와 수익이라는 목표를 충족시켜 주어야 할 것이다. 방문객의 마음을 끄는 상품이나 서비스, '멋진 아이디어'를 가지고 있으면서도 이것을 현금화하지 못하는 비즈니스들이 너무나 많다.

새로운 사업을 시작하거나 기존의 사업을 확장할 때, 비즈니스는 돈을 버는 것이 목적이라는 자명한 원칙을 간과하는 사람들이 많은 것 같다. 온갖 종류의 음식이 있는 뷔페는 눈으로 보기 위해 가는 것이 아니라 그 음식을 먹기 위해 가는 것이다. 마찬가지로 웹 사이트는 방문을 매출로 전환시키는 것이 목적이다. 이것이 본 장의 핵심이다. 인터넷 판매는 그야말로 나무랄 데 없다. 즉시 은행을 통한 거래가 이루어질 수 있고 청구서를 모아 둘 필요도 없기 때문이다.

비즈니스를 통해 돈을 버는 것은 사회에도 유익한 일이다. 부를 증대시키고 세금제도를 통해 사회에 공헌할 뿐 아니라 고용, 제품과 서비스의 효과적인 운송을 통해 창출한 부를 공유한다. 당신의 비즈니스가 돈을 벌어들이는 궤도에 신속하게 진입하지 못하면 이런 공헌을 하기는커녕 곧 도태되고 말 것이다.

사람들이 손쉬운 방식으로 자신들이 원하고 필요로 하는 제품과 서비스를 구입할 수 있도록 하는 것이 비즈니스이다. 인터넷은 사람들이 제품과 서비스를 동시에 구입하는 것은 물론, 시장을 통하는 전통적인 방법보다 더 효과적으로 구입할 수 있는 플랫폼을 제공해 주고 있다.

그럼에도 불구하고 너무나 많은 인터넷 기업들이 자리를 잡지 못하고 허둥대며 무기력해지고 있다. 투기적인 이유를 가지고 이 새로운 시장에 뛰어든다면, 수백만 달러의 돈을 마구 뿌려 댈 능력이 없는 한 이것은 시간낭비일 뿐이다. 지금 인터넷은 이윤을 내는 기업을 세우겠다는 확실한 목표와 아이디어가 있어야만 살아남을 수 있는 '시장'이기 때문이다.

방문객이 매출로 전환되도록 만드는 관건은 고객들이 무슨 생각을 하고 어떤 것을 필요로 하며 구매하려고 하는지 그들의 마음을 읽는 데 있다. 다른 사람의 요구를 이해한다는 것은 넓은 의미에서 보면 감정 이입이라는 정신적인 개념의 문제이다. 감정 이입이란 우리가 누군가를 아주 세밀하게 이해할 때 일어나는 것으로, 상대방의 감정, 생각 그리고 동기를 완전하게 파악할 수 있게 되는 것을 말한다.

감정 이입은 비즈니스에서 뿐 아니라 사회활동, 우정, 대인 관계에도 유용하게 작용하며, 따라서 삶 자체라고 볼 수 있다. 그 사람이 가진 여러 장점과 단점까지도 모두 사랑하고 이해할 때 관계가 오래 지속될 수 있다. 누군가의 행동을 점점 더 이해할 수 없게 될 때, 감정 이입을 통해 그에게 가까이 다가갈 수 있는 것이다. 작가가 만약 사람들을 좋아만하고 이해하지 못한다면, 사람들도 그가 쓴 이야기를 좋아하지 않을 것이다. 사업을 하는 사람이 사람들이 무엇을 사고 싶어하는지 이해하지 못한다면, 그는 이윤창출이 결코 쉽지 않다는 현실에 부딪힐 것이다. 당신 자신을 여러 다양한 아이디어, 장소, 상황 그리고 사람들에게 넓게 노출시킬 때 이러한 감정 이입이 가능하다.

웹 비즈니스를 운영함에 있어 잠재적인 고객의 행동을 이해하는 것은 더할 나위 없이 중요하다. 그들이 무엇 때문에 이 사이트를 방문하여 머무르는지 궁극적으로 그들이 어떤 점 때문에 주문을 하는지 혹은 주문을 취소하는 이유는 무엇인지를 알아야 한다. 방문객을 실제적인 매출로 연결시키기 위한 첫 번째 단계는 고객의 기호에 맞추어 웹 사이트를 꾸준히 변화시킬 준비가 되어 있어야 한다는 것이다. 방문객들로부터 이해되지 않는 부분이 있다는 지적을 받거나 어떤 과정이 제대로 작동하지 않을 때, 당신은 변화할 준비를 해야 한다.

이전에 나는 적지 않은 고객들이 우리 사이트에서 주문서를 작성하는 데 곤란을 겪고 있다는 것을 알게 되었다. 우리는 주문서를 가능한 한 간단하고 이해하기 쉽게 만들기 위한 방법을 찾느라 고심했다. 이런 변화의 노력으로 인해 주문이 50% 이상 늘어나는 결과를 가져왔다.

사이트 시범 가동은 우선 당신과 동료들이 먼저 테스트해 보는 형태를 취한다. 그 다음 고객의 꾸준한 반응 결과를 통해 변화를 모색해 나가면 된다. 여기에 웹 사이트 통계자료가 도움이 된다. 사이트 통계자료를 통해 어떤 사이트를 방문하고, 얼마나 오래 머물렀으며 어떤 경로를 통해 들어오고 나가는지 정확하게 파악할 수 있다.

사이트에 들어오자마자 곧바로 나간다는 것은 다운로드가 너무 느리다고 생각한 방문객들이 참지 못하고 곧장 나가 버린 것일 수도 있다. 전형적인 사이버 공간의 조급함 때문이다. 이것이 아니라면, 사이트가 자신들이 찾고 있는 내용을 담고 있지 않다는 것을 알고 나가 버린 것일 수도 있다. 이런 문제에 대한 지속적인 노력이 사이트의 매출력을 증대시킨다. 고객의 소리에 귀를 기울이는 사이트를 개발하고 거래를 하기에 매력적인 장소로 변화함에 있어, 우리 마음에 새겨 둘 만한 7가지 웹마스터의 가치가 있다.

■ 가치 1. 첫 인상이 좋을 것

어떤 사람을 처음 만나서 악수를 하고 그가 무슨 일을 하는지 묻지만, 대화가 끝난 다음에도 그의 직업이 무엇인지 도무지 알 수 없었던 경험을 한 적이 있는가? 간혹 어떤 웹 사이트를 처음 방문했을 때도 이와 비슷한 경우를 만나게 된다.

잡지 광고를 보고, 다른 사이트를 방문했다가 링크되어 있어서, 혹은 검색엔진을 오가다가 우연히 당신이 찾고 있는 어떤 제품을 가진 사이트를 발견했다고 하자. 그런데 막상 들어가 보았더니 무엇을 제공하려고 하는지 도무지 알 수 없는 경우가 있다. 좋은 웹 사이트의 첫 페이지는 잠재적인 고객에게 적극적인 인상을 줄 수 있어야 할 뿐 아니라, 무엇을 제공하는 사이트인지 정확하게 제시해야 한다.

다시 말해서, 홈페이지를 보고 고객이 주요 상품, 서비스 혹은 제공 목적을 쉽게 파악할 수 있어야 한다. 웹 디자인을 개발하고 전문 사이트로 커 감에 따라, 우리는 대개 특정한 비즈니스 분야의 사이트들이 공통적으로 보여 주고 있는 형태를 따라가게 된다. 고객들은 이런 눈에 익은 디자인과 형태를 인식하고 여기에 반응한다. 새로운 사이트를 개발할 때, 그 분야의 사이트들에서 쉽게 볼 수 있는 형식과 페이지 배정을 조사하고 연구해야 한다. 그 사이트가 정확히 어떤 가치를 제공하고 있는지를 새로운 고객이 분명히 이해할 수 있어야 한다는 점을 명심하라.

■ 가치 2. 요구를 만족시킨다

웹은 재미있는 시장이다. 검색엔진을 통해 고객의 발걸음을 이끌어 내기가 상대적으로 쉽다. 중요한 것은 특정한 고객이든 아니면 일반 고객이든 잠재 고객들에게 즉각적으로 다가갈 수 있는 상품, 서비스 혹은 컨텐츠를 갖추고 있어야 한다는 것이다.

가령 어버이날 어머니에게 드릴 선물을 사려 한다고 하자. 당신은 온라인에서 '어버이날을 위한 선물 제안' 이라는 특정 코너를 마련해 두고 있는 사이트를 찾게 될 것이다. 이 사이트는 이 특별한 날을 위해 신선하고 활기 넘치는 다양한 이벤트 선물 세트를 내놓고 있기 때문에 당신 마음에 꼭 드는 선물을 고를 수 있는 가장 좋은 기회를 제공해 줄 것이다.

거기에다 당신은 이 사이트에는 '선물 도우미' 가 있어서 결혼 선물을 고르는 것도 도와 준다는 것을 알게 되었다. '선물 도우미'란 고객이 어떤 가격대의 선물을 원하는지, 어떤 용도의 선물을 고르는지에 관해 여러 질문을 한 후, 선택 가능한 다양한 선물을 추천하는 역할을 하는 것을 말한다. 이 차별화 된 사이트를 통해 곧 누군가의 결혼식에 참석해야 하는 당신은 어머니께 드릴 선물과 신혼부부를 위한 선물을 모두 구입할 수 있게 되는 것이다.

■ 가치 3. 손쉬울 것

가게에 들어갔다가 찾는 물건이 어디 있는지 몰라서 이리저리 헤맨 적이 있는가? 도움을 청할 만한 사람도 보이질 않는다. 그렇다면 당연히 도로 나와 버리지 않겠는가? 단정하게 옷을 차려입고 당신의 고객에게 이것저것 제품을 설명하며 보여 주거나 제품이 있는 코너를 안내할 판매 직원이 웹 사이트 속에는 없다. 따라서 웹 사이트는 그 자체가 최고의 판매원이자 큐레이터이며, 모든 활동을 주관하는 매니저 역할을 해야 한다. 고객이 당신의 사이트에서 원하는 제품, 서비스를 찾고 선택하는 일이 쉽고 즐거워야 한다.

Amazon.com 같은 사이트는 최근에 발간된 도서목록을 팝-업 창에

띠워서 보여 준다든가, 재미있고 관심을 끌 수 있는 좋은 내용을 발췌하여 독자가 미리 볼 수 있게 한다든가 혹은 책의 표지 이미지를 제시하는 등의 방법으로 효과적으로 도서를 검색할 수 있는 노하우를 개발했다. 좋은 웹 사이트는 방문객의 마음을 재빨리 붙잡을 수 있는 친숙한 환경을 갖추어야 한다. 이렇게 해야만 고객들로 하여금 제품을 주문하고 싶도록 만들 수 있다.

이렇게 할 수 있는 방법은 여러 가지가 있다. 이것은 결국 웹 사이트를 새롭게 하는 문제로 귀결된다. 다양한 관련 정보와 함께 제품을 손쉽게 고를 수 있는 사이트가 되어야 하는 것이다. 최근에 나는 이것을 잘 구현해 놓은 한 사이트를 통해 차를 구입했다.

AutoPoint라는 사이트였는데, 고객으로 하여금 현재 온라인에서 판매되고 있는 새 차와 중고차의 목록을 일목요연하게 살펴보고 원하는 차를 고를 수 있도록 되어 있었다. 구입할 차를 고를 때, 먼저 내가 원하는 모델 목록을 다운로드 받아서 세밀하게 살펴볼 수도 있었다. 이외에도 엔진용량이나 가격대 등 원하는 내용을 선택하여 범위를 정해 놓고 검색할 수도 있다. 이와 동시에 차의 성능과 안정성에 관해서 전문가의 조언을 받을 수도 있다.

차를 구입하기 전에 알아야 할 모든 필요한 정보를 한 자리에서 보여 주는 이런 사이트가 차를 구입하고자 하는 사람들에게 매우 유익한 수단이 되는 것은 당연한 일이다. 이 사이트를 통해 나는 집에 편안히 앉아서 구입 가능한 수천 대의 차를 두루 살펴볼 수 있었다. 내가 원하던 차를 정확하게 찾아내서, 시범운전 예약을 한 뒤에 직접 운전해 봄으로써 차의 성능을 파악할 수 있었다.

■ 가치 4. **신뢰를 쌓을 것**

웹 사이트를 방문했을 때, 이용자들은 자신들이 사려고 하는 제품에 대해서 그 사이트가 가장 좋은 제품을 고를 수 있는 사이트라고 느끼고 싶어한다. 즉 자신의 사이트가 다른 사이트에 비해 좋다는 확신을 주어야 한다. 고객들에게 그 사이트가 자신들의 요구와 필요를 만족시키기에 가장 좋은 수단을 제공해 준다는 확신을 줄 수 있어야 하는 것이다.

온라인에서 신용카드 결제를 할 때, 안정성과 신용도는 매우 중요하다. 이렇게 하기 위해서는 신용카드 주문을 처리하기 위한 안전한 보안 장치를 이용한 결제 시스템이 필요하다. 신뢰와 관련하여 회사소개, 사진, 주소, 역사, 업무 그리고 지불의 안정성 등에 대한 상세한 설명이 고객들의 불안감을 더는 데 도움이 된다. 결제를 하는 매 페이지에서는 고객에게 카드 결제가 암호화된 서버를 통해 100% 안전하게 처리된다는 이메일을 이용하여 문의를 한다든지 기타 개인적인 접촉 주문시에 고객의 주문이 현재 안전하게 처리되고 있다는 믿음을 주는 것이 도움이 된다. 신뢰를 확립하지 못하는 웹 사이트는 방문객이나 주문의 증가를 기대할 수 없다. 웹 고객의 신뢰를 얻는 것은 미심쩍어 하는 새에게 당신의 손바닥에 놓인 먹이를 먹도록 하는 것과 같다. 믿음을 쌓기 위해서는 인내와 친절한 설득을 필요로 한다.

■ 가치 5. 주문절차가 용이할 것

광고, 상품 혹은 서비스 어떤 종류의 재화 혹은 용역을 판매하든, 주문과 결제가 용이하면서 안전해야 한다. 웹 거래 연구에 따르면, 이용자들이 주문을 위한 절차를 진행하다가 주문을 취소해 버리는 경우가 종종 발생한다고 한다. 즉 이용자들의 '주문포기'가 현재 웹 비즈니스가 직면한 주요 문제점 가운데 하나라는 것이다.

이 신경과민한 고객들을 안심시키고 주문포기를 줄이기 위해서는 전략적인 접근이 필요한데, 원하는 품목을 선택한 후의 주문절차가 가능한 한 용이해야 한다는 것이다. 많은 사이트들이 현재 '비상벨panic button'을 설치하고 있는데, 이것은 고객들이 주문 과정에서 의문이 생겼을 때 클릭하면 즉석에서 채팅이나 신속한 이메일 교환을 통해 도움을 받을 수 있는 장치이다.

■ 가치 6. **주문처리와 배송이 쉬울 것**

웹 비즈니스가 실패에 부딪히는 가장 큰 원인 가운데 하나는 주문이 부족해서가 아니라 주문을 제대로 처리할 수 있는 능력이 부족해서이다. 성탄절 연휴처럼 계절적인 요인으로 인해 주문이 폭주하는 시기에는 특히 그렇다. 때로는 과부하에 걸려 시스템이 마비되는 경우도 있다. 갑자기 주문이 늘어나는 경우를 대비한 계획이 마련되어 있어야 한다.

웹 비즈니스는 일회성적인 경향을 띤다. 첫 주문이 제대로 처리되지 않았을 때, 그 고객이 다시 그 사이트를 찾는 경우는 거의 없다. 웹 고객들이 사이버 시장을 찾는 이유는 대부분 신속하고 저렴하게 더 좋은 제품을 고를 수 있기 때문이다. 그러므로 주문이 신속하고 효과적으로 처리될 수 있는 네트워크 기초에 투자하는 것이 중요하다.

예를 들어, 컴퓨터 장비, 주변기기 그리고 소모품을 되파는 일을 하는 사이몬의 경우, 그는 고객이 주문을 하자마자 수많은 공급자들 가운데 적절한 한 명과 긴급 주문서를 자동으로 보내는 시스템을 연결했다. 이렇게 함으로써, 사이몬은 재고를 보유해야 할 필요가 없어졌고, 공급자로부터 고객에게 배달되는 것까지의 과정을 재빨리 처리할 수가 있었다. 이런 식으로 그는 많은 컴퓨터 판매업자들이 가게와 창고를 운영하면서 지불해야 하는 운송과 관리에 필요한 비용을 최소화했다. 그의 비즈니스는 100% 직거래로 이루어져, 결국은 고객들에게도 이득이 되는 것이다.

■ 가치 7. 고객을 지킬 것

어떤 사업에서든 새로운 고객보다는 기존의 고객에게 제품을 팔기가 훨씬 수월하다. 이것은 낯선 사람보다는 오랜 친구와 술을 마시는 것이 더 편한 것과 마찬가지이다. 기존의 고객은 신용이 증명된 결제 경력을 가지고 있기 때문에 더욱 그렇다. 이전에 고객의 주문을 잘 수행했다면, 당신은 돈뿐 아니라 그들의 신뢰를 벌어들인 것이다.

우리의 경우에도 오늘날 질 좋은 컨설팅 서비스를 제공한다는 우리의 약속을 실제로 경험한 고객들이 우리 비즈니스를 떠받치는 힘이 되어주기 때문이다. 단골 고객들에 대해서는 별도의 주문양식을 작성하지 않아도 되도록 하고 있다. 그들에 대한 상세한 기록파일을 가지고 있기 때문에 그들의 요청에 대해 확실하게 처리할 수 있다. 그러나 이에 안주하지 말고 더 많은 성공과 고객 확보를 위해서는 고객의 주문을 좀더 신속하게 처리하고, 친절한 뉴스레터와 그들의 요구를 만족시킬 수 있도록 특별히 고안된 제안서 등을 통해 그들과 계속 연락을 취할 수 있도록 노력해야 한다. 꾸준히 거래하는 고객을 확보한다는 것은 아주 유쾌한 일이다.

이 7가지 가치를 실제에 적용한다면 방문객으로 하여금 왕처럼 느낄 수 있도록 만들 방법을 찾을 수 있다. 웹 사이트에서 왕이 된 것 같은 기분을 느낀 방문객은 곧바로 고객이 된다. 방문객의 관점에서 볼 때, 인터넷 거래의 가장 큰 장점은 모든 것이 절대적으로 자신의 결정으로 이루어진다는 점이다. 그들이 원하지도 않는 물건을 노골적으로 권하는 판매직원이나, 너무나 마음에 드는 프로그램에 잡티처럼 끼여든 눈에 거슬리는 광고에 현혹될 일이 없기 때문이다. 제품이나 서비스를 웹 사이트에 내놓을 때, 고객이 무엇을 필요로 하고, 원하는지를 신중히 고려하고 맞추어 가야 한다.

그리고 사이트의 운영자들은 고객들의 모든 이메일에 대해 5분에서 8시간 이내에 답장을 받아 볼 수 있다는 사실을 고객들에게 미리 알려줘야 한다. 이것은 고객들 질문에 대해, 우리가 답장을 보낼 수 있는 가장 빠른 시간과 가장 느린 시간을 고객들이 알고 있다는 것을 뜻한다. 또한 동일한 직원이 동일한 고객과 상담하도록 함으로써, 안정된 관계를 유지하면서 계속적인 비즈니스가 이루어질 수 있도록 해야 한다.

많은 사람들이 웹은 감정이나 인간적인 따뜻함을 느끼기 어렵기 때문에, 비인간적이라고 비판한다. 나는 이런 의견에 동의하지 않는다. 웹은 전화나 심지어 개인적인 만남에 비해 더 세밀하고 자세하게 의사소통을 할 수 있는 대화의 창을 제공해 주기 때문이다. 글을 통해 생각을 표현하면, 자연스럽게 생각의 세밀한 부분까지 분명하게 기술할 수 있다. 사람들이 인터넷과 사랑에 빠지는 것은 바로 이 때문이다.

ICQ 같은 채팅창은 순수하게 글을 이용한 의사소통의 기회를 제공해 준다. 사람을 직접 만나서 대화를 나누는 경우, 대화 내용에 끼여드는 물리적, 환경적인 요소들로 인해 흔히 주의가 산만해 질 수 있다. 하지만 인터넷은 글을 통해 객관적으로 메시지를 바라볼 수밖에 없기 때문에, 정보의 송신자와 수신자 사이의 소음을 줄여 준다. 인터넷을 통한 의사소통의 기회가 많아짐에 따라, 문자는 우리를 거대한 지구촌 시장 속에 함께 묶어 두는 힘을 발휘하고 있다.

10장

흐름을 자동화하라

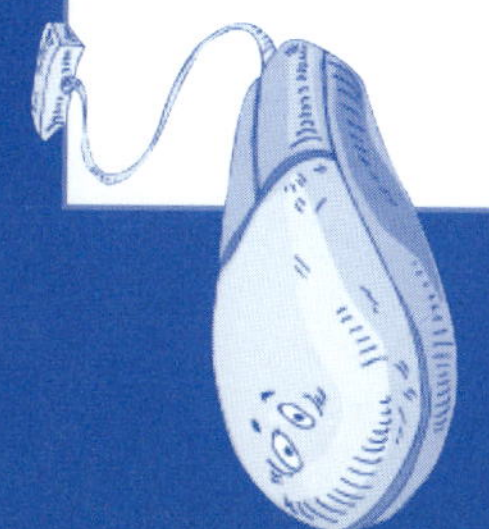

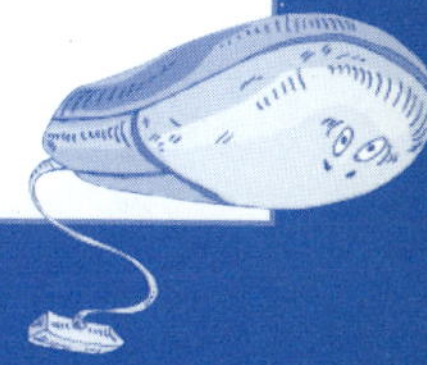

비즈니스 과정을 자동화하는 능력은 현대 비즈니스의 매개 수단이자 첨단기술인 인터넷에 있어 위대한 마이더스의 손이나 마찬가지이다. 자동화와 관련하여 우리는 TGL 카드를 운영하고 있는 친구 힐러리를 만났다. 그 곳은 푸짐한 점심을 제공하는 전통적인 스타일의 큰 레스토랑이었다.

은그릇들이 발하는 은은한 광택, 구김살 없이 펼쳐진 하얀 린넨 식탁보가 티 하나 없이 완벽했고, 젊은 웨이터뿐 아니라 서비스의 기교를 훤히 꿰뚫고 있는 신사풍의 머리가 희끗희끗한 웨이터들의 서비스 또한 매우 뛰어났다. 레스토랑 안에는 값이나가 보이는 것은 전혀 없었다. 단지 우아하면서도 마음을 사로잡는 분위기가 사람들의 마음을 편안하게 해 주었다. 이것은 의도적인 노력에 의해 만들어진 것이 아니었다.

힐러리는 TGL 카드 회원이 되면 수많은 가맹점 어디에서나 무료로 한 사람 분의 식사를 더 즐길 수 있다고 설명했다. 자신의 성공에 대해서는 비즈니스를 인터넷과 연결시키고 자동화된 온라인 비즈니스 시스템을 확립한 것이 사업이 빠르게 성장할 수 있었던 비결인 것 같다고 덧붙였다.

점심식사가 끝나자 그는 나에게 자신의 새로운 사무실을 보여 주고 싶다고 말했다. 길모퉁이에 세워 둔 그의 차는 짙은 녹색으로 고급 승용차였다. 그의 사무실로 향하는 차 안에서도 점심과 포도주가 남겨 준 따뜻한 여운이 여전히 감돌고 있었다. 차내는 고급가죽과 매끄럽게 윤이 나는 다갈색 목재로 꾸며져 있었다. 그 고급 승용차가 길모퉁이를 미끄러지듯이 돌아나와 한낮의 도심을 달리는 동안 그는 자신의 차에 대해 뿌듯해 하며 말했다. "이 차는 제 자랑이자 기쁨입니다. 1959년에 출시되었는데, 지금은 성능을 현대적으로 완전히 개조했습니다."

힐러리의 사무실은 입구에서 곧바로 주차할 수 있도록 설계된 빅토리아식 테라스가 딸린 커다란 건물 내에 있다. 황금색의 커다란 글씨로 회사명과 웹 사이트 주소가 적힌 현판이 눈에 들어왔다. 그를 따라 여러 대의 컴퓨터가 놓여 있는 바깥쪽 사무실을 지나서 창밖으로 넓은 공원이 내려다보이는 안쪽 사무실로 들어갔다. 떡갈나무 책상, 천장까지 닿아 있는 책장과 소파들이 한때 부동산 중개인이었고, 지금은 작은 기업을 경영하는 사람의 사무실이라기보다는 정치가나 변호사의 집무실 같은 느낌을 주고 있었다.

나무로 테두리가 둘러진 벽은 온통 런던, 파리, 시드니 등 곳곳의 레스토랑 사진들로 가득했다. 레스토랑들은 분명 TGL 네트워크로 연결되어 있을 것이다. "이 곳은 저의 작은 전리품이죠." 그가 말했다. "이전에 저는 늘 흔들리는 책상, 비닐 등받이가 달린 의자, 싸구려 나일론 카펫이 없는 사무실을 꿈꿔 왔죠. 온라인 일을 한 덕분에 마침내 그 꿈을 이루게 됐습니다." 힐러리는 부동산 중개업 일을 하면서 얼마 되지도 않는 돈을 모으려고 안간힘을 썼던 일과 다락방 같은 조그만 사무실에서 일했던 시절의 이런저런 기억들을 이야기했다.

지금은 인터넷 덕분에 비즈니스맨으로서 빠르게 성공했지만, 그때만해도 그는 인터넷 '왕초보'였다. "지금은 많은 시간을 느긋하게 보내고 있어요. 일찍 집에 들어가서 가족과 많은 시간을 보내죠. 저는 지금 어느 때보다 행복합니다." 그는 미소를 띠며 말했다.

힐러리는 비즈니스 모델의 자동화가 신속한 사업 확장과 수입의 증가를 불러온 열쇠라고 설명했다. 그의 비즈니스는 두 가지 주요 업무 분야로 나뉜다. 첫 번째는 레스토랑들이 저녁식사 시간에 1인분의 식사를 더제공하는 카드 회원제 프로그램에 가입하는 것인데, 이것은 회원들이

보다 저렴하게 저녁을 먹을 수 있다는 것을 뜻했다. 두 번째는 카드에 가입한 회원들이 12개월 동안 전세계 각지에 있는 수천 곳의 가맹점에서 식사를 하고 카드로 결제하는 부문이다. 인터넷 덕분에 TGL은 두 부문을 모두 자동화할 수 있었다.

TGL은 선전과 광고라는 검색어를 통해 레스토랑 마케팅을 한다. TGL 웹 사이트는 '레스토랑 선전'과 '레스토랑 광고'라는 검색어를 치면, 주요 검색엔진들의 상위 50위 안에 들어 있다. 이 사이트는 세계의 수많은 레스토랑업계와 링크되어 있다. 힐러리의 아들, 숀은 검색엔진에서 유명한 레스토랑의 이메일 주소를 모아 이들에게 자동으로 TGL 소개글을 보낼 수 있는 소프트웨어를 개발했다. 매일 10여 곳의 레스토랑들이 사이트에 새로 가입하고 있다고 한다.

새 레스토랑은 자동화된 가맹 계약과정을 통해 계약한다. 계약한 레스토랑은 메뉴에 관한 상세한 설명과 내부를 찍은 사진들을 포함한 프로필을 온라인에 올릴 준비를 한다. 이런 프로필들은 카드 회원들이 언제든 볼 수 있는 레스토랑의 데이터베이스에 자동으로 업데이트 된다. 이렇게 올려진 정보는 고객의 지역에 따라 그들에게 자동으로 전달된다.

예를 들어, 시드니에 있는 레스토랑이 새로 가입했다면, 시드니에 있는 모든 회원들은 월간 뉴스레터를 통해 할인된 가격에 식사를 할 수 있는 새로운 장소에 대한 상세한 정보를 제공받는 것이다. 이와 함께 시드니에 있는 레스토랑에 관한 정보를 필요로 하는 타 지역 회원들에게도 이 정보가 제공된다.

고객 카드 부문도 마찬가지로 자동화되어 있다. 마케팅은 검색엔진, 가맹 레스토랑 사이트와의 링크 그리고 관련 잡지와 신문을 통해 이루어진다. 무료전화와 TV, 라디오를 통해서도 카드 회원이 될 수 있다. 고객들은 온라인에서 가맹 레스토랑들을 검색할 수 있고 자동화된 온라인 가입절차를 통해 카드 회원이 될 수 있다.

고객의 가입요청을 받으면, 시스템은 새로운 카드를 어디로 우송해야 하는지 재빨리 파악하고 모든 관련 자료들은 자동으로 고객 데이터베이스에 저장한다. 사이트에서 고객들은 자신들이 이용한 레스토랑의 순위를 매기고 평가를 할 수도 있다. 따라서 힐러리는 느긋하게 앉아서 확장일로에 있는 사업의 전략을 계획하고 발전시키는 데에만 전념할 수 있다.

그의 꿈은 모든 레스토랑과 고객들을 온라인상에서 연결시키는 것인데, 이렇게 되면 온라인 시스템이 모든 일을 처리하는 동안 자신은 카드를 우송하는 일에만 신경 쓰면 되기 때문이다.

"큰 욕심은 없지만, 노력의 대가를 누리고 싶습니다. 아니 우리가 현재 가지고 있는 시스템이 가져다준 결실을 누리고 싶습니다. 다음 달에 가족들과 함께 유럽으로 여행을 갈 예정인데 그 중에서도 아일랜드에

가 보려고 합니다. 제 조국이죠. 일은 지금 저절로 굴러가고 있으니까요. 나이가 들면 말이 많아지기 시작한다더니……."라며 힐러리는 가벼운 농담을 했다.

어떤 사업을 운영하던, 인터넷 기술을 이용하여 비즈니스 과정을 자동화하면 효율성과 이윤이 빠르게 증대되고 사업경쟁력도 확보할 수 있다. 어떤 비즈니스 과정이 자동화될 수 있는지 알기 위해 먼저 자신의 비즈니스 모델의 가치 고리를 이해할 필요가 있다. 가치 고리란 자원을 투입하고, 이러한 투입이 또 다른 가치를 불러오도록 만들어, 산출된 결과물을 고객들에게 제공하고 그 고객들로부터 이윤을 창출하는 것을 말한다.

변호사 마커스는 급속하게 성장하고 있는 자신의 웹 비즈니스에 필요한 자금을 도입하기 위한 사업계획 개발에 관하여 컨설팅을 의뢰해 왔다. 그의 사업은 성장하고 있었지만, 문제는 수입이 그가 투입하는 시간에 비해 효율적이지 못하다는 것이었다. 당시에 그와 그의 아내는 교외에 위치한 유서 깊은 저택을 구입하여, 그 저택이 지난날 지녔던 영광을 다시 되찾으려는 계획을 세워 놓고 있었다. 마커스의 아내는 그에게 수입을 늘일 수 있는 여러 가지 방법을 찾아볼 것을 권했고, 그때문에 온라인 법률 사이트를 구축하는 것과 관련하여 자문을 구해 온 것이다.

현직 변호사인 자신의 위치를 기반으로 법률자문을 제공하는 웹 사이트를 구축하고, 다른 변호사들과 계약을 맺어 법률자문을 제공하고 법률조항을 소개하는 온라인 창고를 개발한다는 것이 그의 구상이었다. 마커스의 사이트는 법과 법의 운용에 있어 나라마다 차이가 있다는 점에 착안하여 현지시장을 타깃으로 하고 있었다. 그러나 그런 그의 시작 의도와는 달리, 매주 라디오 법률자문 프로그램에 출현하면서 이름이 알려지게 되자, 그의 사이트는 곧 기업과 개인 고객들이 보내 오는 이메일로 넘쳐 나게 되었다. 모두 법적인 문제에 관한 자문을 구하는 내용이었다.

사이트는 처음 예상과 다른 형태로 수익을 창출하기 시작했다. 첫 번째는 고객들이 법률자문에 대한 비용을 계좌이체를 통해 지불한 것이다. 질문들 가운데 상당수는 마커스가 조사하고 회신을 보내는데 20분도 채 걸리지 않는 것이 많았기 때문에, 청구비용이 그리 많지는 않았다. 두 번째는 우선 기본적인 조언을 해 주고, 다시 특정한 전문법률 분야에서 일하는 동료 변호사들의 조언을 구해야 하는 경우들이었는데, 이 경우에는 상당한 비용을 청구하게 되었다. 결과적으로, 조언을 구하는 많은 이메일들이 후에 마커스가 의뢰를 받아서 처리해야 하는 고객으로 전환된 셈이었다.

    인터넷 업무가 증가하면서 그가 부딪힌 어려움 가운데 하나는 시간관리였다. 그가 변호사 사무실을 개업한 이후 너무나 바쁜 나머지 이것이 스트레스가 되었던 때가 있는가 하면, 일거리가 하나도 들어오지 않아서 걱정을 해야 하는 때도 있었다. 지금 그는 일이 넘쳐나서 일 속에 파묻혀 질식할 정도였다. 끊임없이 전화가 걸려 오지 않으면 이메일이 쏟아져 들어왔다.

    그의 아내는 그가 건강을 해칠까 봐 걱정했다. 여가를 내어 잠시 쉬는 동안에도 그는 자신이 일종의 비즈니스 괴물을 만들어 낸 것은 아닐까 하는 의문이 들 정도였다. 결국 수입은 늘었지만, 그는 개인적으로 치르는 대가와 부담을 줄여 줄 방법을 찾기 위해 고민해야 했다.

    마커스는 어떻게 하면 자신의 비즈니스를 제대로 감당할 수 있을지 그리고 바보처럼 허둥대는 것을 그만둘 수 있을지에 관해 자문을 구했다. 그의 문제를 해결하기 위해 우선 마커스의 시간과 노력의 투입양상을 상세히 검토하여 자동화할 수 있는 부분이 무엇인지에 대해 살펴보았다. 당시 웹 사이트는 고객들이 그의 이메일로 질문 내용을 보내 오도록 되어 있었다. 또 고객이 아직 계좌를 열지 않은 경우 먼저 계좌를 열도록 요청하고, 수동으로 카드 결제과정을 처리한 후, 다시 이메일로 질문에 대한 조언을 보내는 식으로 처리되고 있었다. 이것은 마커스가 일일이 시간을 들여 일의 모든 과정에 관여해야 한다는 것을 의미했다.

예를 들면, 고객이 연락을 취해 오면 마커스는 자문을 위한 시간을 낸다. 이것은 때로 헛된 수고가 되기도 하는데, 자문비용을 지불해야 한다는 것을 안 고객이 곧바로 연락을 끊고 모습을 감추기 때문이었다. 또 고객이 계좌개설에 동의하는 경우, 마커스는 계좌를 개설했는지 확인하고 전화로 카드 결제를 승인하고 관련 서류를 거래 은행에 맡기는 일과 그 다음 필요한 질문에 대한 답변을 직접 준비해서 고객에게 보내는 일도 해야 했다.

웹 사이트는 엄청난 법률서비스 수요를 위한 강력한 기지가 될 수 있는 청신호를 보내고 있었다. 여기에 비하면, 그는 거대한 폭포수가 떨어지고 있는 물 속에 겨우 발가락을 담그고 있는 것에 불과했다. 일의 결과가 전적으로 마커스의 노력이라는 투입에 의해 산출되고 있기 때문이었다. 결과적으로, 한창 성장하고 있는 자신의 비즈니스를 위한 전략개발에 들여야 할 귀중한 시간을 세부적인 일에 매달려 흘려보내고 있는 것이었다.

비즈니스를 자동화된 시스템으로 전환하기 위해, 마커스는 권한 위임이라는 문턱을 넘어야 했다. 그러나 유능하고 평판이 좋은 변호사인 그는 서비스의 질을 보장하기 위해 모든 법률자문을 직접 챙기고 싶어했다. 하지만 이제 그는 자신의 비즈니스 역량을 강화하기 위해 법률자문을 할 수 있는 자격증을 가진 다른 변호사들을 활용해야 할 필요가 있다는 것을 깨달았다.

사실 그는 법률자문을 하느라 시간을 다 보낼 것이 아니라 사업가가 될 필요가 있었다. 사업 확장과 이윤창출에 전력할 수 있는 시간이 필요했다. 계약에 의해 고용된 다른 변호사들이 이메일 답변서를 처리하고 법률자문을 해 줄 수 있는 시스템이 있어야 했다. 이것은 변호사들이 마커스의 웹 사이트를 이용하여 이메일을 받고 답변을 해 주기 위해 필요한 기술을 개발함으로써 가능했다.

이런 혁신적인 변화를 통해서 마커스가 일일이 관여하지 않아도 많은 과정들이 순조롭게 진행되었다. 결제과정은 회사의 거래 은행 계좌에 직접 링크된 신용카드 서버를 이용하여 이루어졌다. 일이 성사되면, 비용의 50%는 마커스에게 돌아왔고, 나머지 50%는 계약된 변호사에게 돌아갔다. 모든 것이 결제일에 인터넷 뱅킹을 통해 일괄처리 되었다. 이런 식으로 계약 관계를 맺은 변호사들에게 비용을 지불하는 일이 단 몇 분이면 처리되었다.

마커스는 계약을 맺은 특정 변호사에게 비용을 지불하기 전에, 법률자문이 만족스럽게 이루어졌는지 여부를 체크하기 위해 고객에게 만족도에 관한 이메일을 보낼 수 있는 여유도 생겼다. 이 시스템은 마커스가 주변적인 업무에서 손을 떼도 된다는 것을 의미했다. 이것이 바로 그가 원하던 꿈의 비즈니스였다.

　　마커스의 비즈니스는 아직 시스템을 한층 자동화하는 쪽으로 변화해 가고 있는 과정이지만, 분명한 것은 많은 수익을 올릴 수 있는 잠재력이 있다는 점이다. 법률조언을 필요로 하는 문제가 사이트의 자동 시스템으로 일단 처리되면, 매주 수천 달러의 수익이 창출될 것이다. 또한 다른 국가에 있는 변호사들과 계약을 통해 프랜차이즈 사이트를 개설함으로써, 다른 분야로 영역을 확대할 수도 있다. 이러한 가능성을 성공시키기 위해, 마커스는 사이트 링크, 검색엔진 목록 등의 문제를 신속하게 해결하여, 장차 피할 수 없는 치열한 경쟁에 대비해야 한다. 현재 구축한 데이터베이스의 규모가 이미 상당하기 때문에, 앞으로도 자연히 상당한 경쟁력을 발휘하게 될 것이다.

　　가치창출을 위한 자동화가 실현되자, 마커스는 자신의 미래에 대한 강한 희망에 차게 되었고, 훨씬 더 만족한 생활을 하게 되었다. 6개월이라는 짧은 기간 동안에 그는 도심근교에서 사무실을 운영하던 평범한 변호사에서 성공한 법률 사업가로 변신했다. 모든 일이 전적으로 온라인상에서 이루어지기 때문에, 그는 인터넷 연결이 가능한 곳이라면 어느 곳에서든 일을 할 수 있었다. 이것은 그가 구입하고 싶어하는 유서 깊은 대저택에 즐비해 있는 방들 가운데 어느 곳이든 사무실로 이용할 수 있다는 것을 뜻했다. 또한 아내와 함께 저택을 개조하는 일에도 더 많은 시간을 할애할 수 있게 될 것이다.

마커스는 결혼을 하고 새로운 사업을 시작하면서 자신의 인생에 커다란 변화가 일어났다는 생각을 했다. 성공한 미래에 대한 끊임없는 변화와 도전으로 이전에 무겁게 드리웠던 스트레스와 제약이라는 구름을 말끔히 걷어 낼 수 있게 된 것이다.

이쯤에서 우리는 어떻게 웹 사이트를 개발하고 마케팅을 하며, 새로운 고객을 확보하고, 돈을 벌 것인가의 방법에 대해 조금씩 깨달아 가고 있다. 현시점에서 만족을 느낀다면, 스스로 진행되는 자동화 시스템을 마련할 때 더 많은 이윤과 성공할 수 있는 잠재력을 창출할 수 있다는 것을 인식하기가 어렵다.

웹 운영자가 직접 모든 것을 챙겨야 하는 웹 비즈니스도 많지만, 이보다는 한 걸음 물러나서 어떻게 하면 시간을 지속적으로 투입하지 않고도 시스템이 성장할 수 있도록 만들 것인지 고민해 볼 것을 권한다. 뛰어난 웹 비즈니스는 박테리아와 같아서 궁극적으로 스스로 확장하고 증식한다.

11장

돈이 돈을 번다

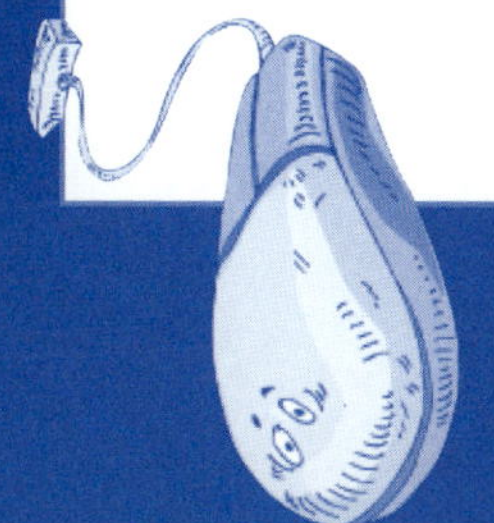
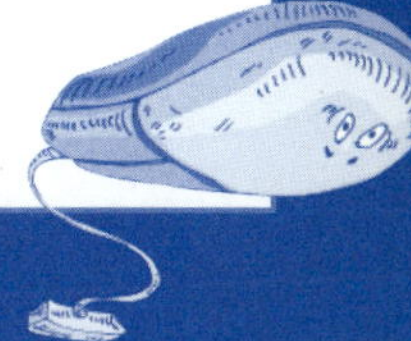

웹 비즈니스가 세계적으로 번창함에 따라서, 넷 기업가들은 세계 어디에서나 활동할 수 있게 되었다. 본 장에서는 사이버 비즈니스로 부자가되는 과정에서 직면하는 돈 문제와 투자규칙에 대해 살펴보려고 한다. 당신의 아이디어로부터 최고의 수확을 거두기 위한 여러 가지 투자단계를 살펴보고, 이를 어떻게 적시에 적용할 것인가에 대해 논할 것이다.

어떤 사업이든 성공으로 가기 위해서는 그에 필요한 투자를 할 수 있는 힘과 인내가 요구된다. 투자력은 시간을 지렛대로 활용하고 클릭으로 부자가 되는 과정에서 가장 중요한 개념이다. 미래의 성공을 위해 시간과 돈을 투자할 준비가 되어 있어야 한다.

투자란 미래의 더 나은 삶을 위해 현재의 시간이나 돈을 들이는 것을 말한다. 투자의 개념은 인생에 대한 단기적인 전망이란 말로 대치될 수도 있다. 투자는 인내, 확신 그리고 끈기를 필요로 한다. 또 뿌린 만큼 거두는 법이다. 당신은 평범한 길을 갈 수도 있고 부자가 될 수도 있다. 좋은 아이디어가 있다면, 그 다음 단계는 그것을 비즈니스로 만들기 위해 시간을 효과적으로 이용할 수 있는 방법을 찾는 것이다. 투자는 시간의 효율적인 활용과 밀접한 관련이 있다. 현재 우리가 무엇인가를 투자하는 것은 미래에 몇 배의 수확을 거두어들일 것이라는 희망이 있기 때문이다.

■ 투자규칙 1. 아이디어 발굴에 투자하라

이것은 중요한 과정이긴 하지만, 어떤 식으로의 투자가 되든 그 정도가 지나치면 안 된다. 3장에서 우리는 웹 시장 조사가 선행되어야 한다는 문제를 놓고 이야기한 바 있다. 잠재적인 고객들과 이야기를 나누며, 자신이 제공하고자 하는 상품이나 서비스를 구매할 것인지 묻는 것은 비즈니스 아이디어를 연구하는 데 좋은 방법이다.

일단 비즈니스 아이디어가 떠오르면, 생일이 다가오기 전에 미리 생일파티를 준비하듯이 사업계획을 구상하라. 처음부터 벤처자금을 지원

받는 방법을 모색하지 않아도 된다면 말이다. 자금을 투자하는 사람들은 대개 투자를 하기 전에 그 사업이 수익성이 있는지를 먼저 알고 싶어 한다.

■ 투자규칙 2. 아이디어 테스트에 투자하라

당신에게 신뢰할 만한 아이디어가 있다면, 먼저 아이디어를 테스트해 보라. 인터넷 사이트에서 고객들에게 당신의 상품이나 서비스를 구매할 의사가 있는지 알아보기 위해, 자신의 아이디어를 시험하는 데는 그리 많은 비용을 들일 필요가 없다. 검색엔진 최적화, 상호 링크, 공적인 관계 그리고 고객에게 직접 전화를 거는 일 등과 같은 마케팅비용이 저렴하거나 전혀 들지 않는 방법을 찾아라.

또 수익성을 알아보기 위해 시험삼아 작은 규모로 광고를 할 수도 있다. 이때는 상당한 자금을 요하는 대대적인 광고를 시작할 시점은 아니다. 한 달 이내에 광고가 수익성에 영향을 미치지 않고, 인쇄물이나 다른 광고도 기대한 만큼 효과가 나오지 않았다면, 앞으로 광고 효과가 나타날 것인지 더 알아보기 위해 여분의 시간이나 돈을 들일 필요는 없다.

광고를 하기 전에, 제대로 목표가 설정되었는지 확인하라. 많은

'.com' 기업들이 올바르게 목표설정도 하지 않은 채 광고에 매달리기 때문에 실패하곤 한다. 그들은 정확하지 못한 시장 조사를 함으로써 실패한 것이다. 투자란 대개 고무적인 현금흐름에 관한 문제이다. 이것은 자금이 나가기보다는 들어오는 것을 의미하는 것이다.

■ 투자규칙 3. **되는 일에 투자하라**

아이디어를 시험한 결과 시장으로부터 신호를 받게 될 것이다. 시장이 필요로 하는 것에 접근하기 위해서는 이 신호들을 신중하게 해석해야 한다. 아이디어가 시장의 요구에 부합되고 고객이 기꺼이 구매할 준비가 되어 있는 것을 가지고 있다면, 이제 당신은 장차 큰 강으로 변할 수 있는 개울물에 발을 담근 셈이다.

이 단계에서 중요한 것은 시험적인 형태를 넘어 확대발전에 대한 가시적인 비전을 구상할 수 있어야 한다는 것이다. 어떤 부문에 우선적으로 투자할 것인가 하는 투자원칙이 당신의 사업을 흥하게 할 수도 있고 망하게 할 수도 있다. 당신의 사업이 예측 가능한 세 가지 미래 가운데 어디에 속하는지 이해하는 것이 중요하다.

① 성공적 진행으로 성장을 예측할 수 있다

이 경우에 속한다면, 투자규칙에 따라 일을 진행하면서 클릭으로 부자가 되겠다는 자신의 아이디어에 더욱 박차를 가할 시점이다. 비즈니스 모델이 시장에서 더욱 큰 수익을 창출할 것이라는 예측이 가능하다는 것은 현재의 일을 더욱더 적극적으로 추진할 만한 충분한 이유가 된다. 이것은 물론 극복하기 어려운 경쟁에 부딪히지 않고 뛰어들 만한 시장이 있다는 것을 전제로 한다.

많은 경우 웹 비즈니스에서 어느 정도의 돈을 벌 수는 있다. 하지만 더 높은 단계로 계속해서 확장하는 경우는 거의 없다. 이것은 사업이 순조롭게 진행될 때 작은 이윤을 내는 단계에서 큰 이윤을 낼 수 있는 비즈니스로 전환하기 위해서는 그만큼 신중해야 한다는 것을 말해 준다.

② 돈이 들어오기는 하지만 확장은 어렵다

많은 온라인 비즈니스들은 상대적으로 신속하게 고객을 매출로 전환시킨다. 서서히 단골 고객층이 생기고 매달 현금흐름도 적절하게 이루어진다. 하지만 여기에서부터 비즈니스 모델을 확장하기는 매우 어렵다. 마치 도저히 넘기 힘든 비용이라는 높은 산으로 둘러싸인 깊은 계곡에 들어와 있는 것처럼 생각되기 때문이다. 소규모의 온라인 비즈니스를 운영하는 넷 기업가들이 수도 없이 많다. 이들은 사업을 확장시키기 위해 필요한 자금을 가지고 있지도 못하고 그렇게 할 생각도 하지 않는다. 이런 막다른 단계에서 살아남을 최선의 방법은, 기존의 자금사정 내에서 모색할 수 있는 성장 방법에 근거하여 천천히 움직이는 것이다.

비즈니스는 당신을 단번에 부자로 만들어 주기보다는 이것을 이윤창출의 수단이라는 개념으로 바라보는 것이 맞을 것 같다. 성공한 넷 기업가들 중에는 자동화된 소규모 온라인 기업을 여러 개 운영함으로써 부자가 된 경우가 많다.

많은 투자가 없이는 확장을 꿈꾸기 어려운 상황 속에서, 이들은 대규모는 아니지만 여전히 수익을 가져오는 여러 개의 온라인 기업에 집중하는 것이다. 이런 식으로 소규모 기업들이 여러 개 합쳐지면, 높은 수익증대가 가능해 진다. 무리한 욕심을 부려 섣불리 행동하지는 마라. 확장은 결코 쉬운 일이 아니다.

③ 전혀 돈이 벌릴 것 같지 않다

초기 자본투자는 합리적이면서도 신중하게 이루어졌지만 여전히 돈이 들어올 조짐이 보이지 않는다면, 당신은 언제 손을 털고 나와야 할지 때를 살펴야 한다. 그 일이 새로운 비용이 거의 들지 않거나 전혀 필요하지 않다면, 사이트를 그대로 살려 두고 검색엔진에서 검색되도록 놔두어도 무방할 것이다.

　1년 중 어떤 특정한 기간 동안에 성황을 이루는 계절적 요인이 크게 작용하는 웹 비즈니스가 있다. 반면에 많은 자금투자에도 불구하고 수익을 창출하지 못한다면, 당신의 비즈니스 장부에 가장 성공적이었던 경험과 실패의 경험을 기록해야 할 시간이 온 것이다. 그 기록을 통해 다른 일을 시작할 때 어디에서 문제가 있었는지 되짚어 보고, 앞으로 더 잘 해낼 수 있는 경험을 얻을 수 있을 것이다.

■ 투자규칙 4. 대어를 낚아라

　일단 이윤창출의 가능성이 입증된 온라인 비즈니스를 시작하고 나면 앞으로 어떻게 이를 확장시켜 나갈 것인가 하는 문제에 직면한다. 이상적인 웹 비즈니스라면, 지속적인 재투자를 통해 계속 성장하고 확장하겠지만, 대부분의 경우 대규모 자본투입이 선행되어야 새로운 단계의 높은 수익을 얻을 수 있게 된다.

　얼마 전까지만 해도, 벤처자금과 최초 공모주에 의한 투자가 젊은 백만장자 넷 기업가들을 탄생시켰다. 물론 이것은 몇몇 선택받은 소수의 이야기일 뿐이다. 그들은 비즈니스의 '할리우드 스타'이다. 대규모 벤처자금의 투자가 있든 없든, 웹을 근간으로 하는 비즈니스는 그 자체로 이윤을 창출하고 지속적으로 성장할 수 있어야 한다.

전망이 좋다는 가정 하에서라면, 벤처자금 도입도 모색해 볼 만하다. 그러나 이것은 경쟁력이 요구된다. 자금투자가들에게는 수천 개까지는 아니더라도 적어도 수백 개의 사업계획서가 쏟아져 들어온다. 이 좁은 문을 뚫고 들어가 지원을 받기란 쉽지 않다. 하지만 기업에 자금을 지원해 주는 은행이나 엔젤투자가들을 통해서는 좀더 용이하게 자금을 지원받을 수 있다.

일반적으로 가장 좋은 엔젤투자가는 그 비즈니스 분야와 연관성이 있는 경우이다. 그들은 사업확장을 위한 자금지원뿐 아니라 전문적인 조언과 사무공간도 지원해 줄 수 있다. 벤처자금이나 엔젤투자가가 당신에게 회사운영에 대한 안정된 보수를 약속할 경우, 이것은 상당한 유혹이 아닐 수 없다. 이때 안정성이 무엇을 의미하는지 생각해야 한다. 벤처자금을 도입하는 것과 동시에 당신은 회사에 대한 통제력을 잃게 될 것이기 때문이다.

1999년, 우리 회사가 관련 기업으로부터 상당한 자금지원 제안을 받았을 때, 안정된 보수, 'IT 거리' 에서의 좋은 사무 공간 그리고 여러 가지 지원을 해 주겠다는 제안을 받고 마음이 끌렸던 적이 있었다. 지금 생각해 보면, 그 거래가 성사되지 않았던 것이 얼마나 다행스러운지 모른다. 회사의 지분 50%를 포기하는 조건이었기 때문이다. 이윤이 늘어날수록

이를 유지하고 관리할 수 있는 능력이 필요하다. 신중하고 실제적인 각도에서 벤처자금과 엔젤투자가들에게 접근해야 한다. 이들은 분명 당신의 사업에 상당한 자금을 투자하고 활기를 불어넣어 주겠지만, 이전에 당신이 행사했던 전반적인 통제력을 빼앗아 갈 것이다.

가장 좋은 벤처자금 전략으로 증권거래시장에서 최초 공모주를 모집하는 방법이 있다. 최초 공모주에 투자한 사람들은 엄청난 수익을 챙길 수 있다. 이것은 클릭으로 부자가 되는 가장 빠른 방법 가운데 하나이다. 그러나 '.com' 열풍이 가져다 준 맹목적인 투기바람이 잦아지고 나면, 백만장자가 탄생할 가능성은 무명의 배우가 할리우드 블록버스터에 출현하여 스타덤에 오르는 것만큼이나 어렵다.

벤처자금을 도입해야겠다는 확고한 결심이 섰다면, 적어도 자신의 낚싯대를 드리울 수 있어야 하는데, 그것은 바로 잠재적인 투자 수익성이 크다는 점을 설득시킬 수 있는 전문적인 사업계획서를 의미한다. 투자가들은 전형적으로 빠른 수익증대, 높은 이윤, 헌신적인 팀 그리고 이상적으로 퇴장할 수 있는 전략을 추구한다.

투자가들은 예외 없이 기업이 제시한 예측과 시장, 경쟁력 그리고 이윤창출 요인 등 주변 상황에 대해 매우 신중한 자세를 취한다. 그러므로 이런 모든 불안감을 해소할 수 있는 철저한 사업계획을 투자가들에게 제시해 그들의 투자를 끌어내야 한다. 투자를 이끌어 내기 위해 일반적으로 사용되는 협상 도구는 어떤 계획이 기존의 요구에 부흥하지 못할 경우 그에 상응하는 만큼의 회사지분을 그들에게 제공하는 방법이다. 당신의 회사가 벤처자금의 지원 하에 놓이면, 계획이 제대로 실행되고 있는지의 여부를 지속적으로 검정받아야 할 것이다.

■ 투자규칙 5. **매각에 대비하라**

비즈니스를 할 때 중요하게 고려해야 할 사항 가운데 하나는 매각하는 경우에 관한 문제이다. 기업가는 회사를 설립하고, 그 회사를 수년에 걸쳐 수백만 달러까지는 달하지 않더라도 수십만 달러의 가치가 있는 회사로 발전시키려 노력하고 그렇게 만들어 간다.

예를 들어, 어떤 기업이 연간 10만 달러의 순이익을 낸다면, 자산의 순이익에 근거한 기업의 가치는 60만 달러에 이른다. 회사를 설립하여, 여러 해 동안 수익을 얻은 다음 적절한 가격에 매각할 수 있기 위해서는 반드시 회사를 매각해야겠다는 마음의 준비가 있어야 한다. 훗날 매각할 수 있는 회사를 설립한다는 것은 지금까지 우리가 줄곧 이야기 해 왔던 효율적인 시간 이용과 투자원칙과 일맥상통한다.

가치 있는 기업으로 키워 이를 매각하는 것은 나중에 일선에서 물러

회사를 매각할 준비를 하는 것은 관리구조의 문제로 귀결된다. 내일 당신이 버스에 치어 혼수상태로 병원에 옮겨졌다가 6개월 뒤 퇴원했을 때, 당신의 회사가 더욱더 많은 수익을 내는 기업으로 성장해 있다면 제대로 된 회사이다. 이것은 회사가 시간의 효율적인 이용이라는 주요한 원칙에 따라 저절로 굴러갈 수 있어야 한다는 것을 의미한다.

관리자를 채용할 수 있을 정도로 충분한 재원을 갖춘 상태에 이르기는 쉽지 않다. 그럼에도 불구하고, 회사에서 다른 사람이 당신의 자리에 들어와서 당신이 하던 역할을 이어서 할 수 있도록, 전체적인 틀이 마련되어 있어야 한다. 그러기 위해서는 모든 업무절차에 관한 틀을 확립하는 것과 동시에, 어떻게 직원들로 하여금 이 모든 것을 실행에 옮기도록 할 것인가를 고려해야 한다.

매달의 수익을 계산하는 것도 중요하지만, 비즈니스의 어느 부문이 가치를 창출하는가에 대해 세부적으로 파악하는 것도 중요하다.

예를 들어, 브랜드 인지도인가 아니면 고객 충성도인가? 사이트의 일일 방문객 숫자가 늘 일정한 수준을 기록하기 때문인가? 아니면 당신이 구축해 둔 고객 데이터베이스 때문인가? 회사를 매각할 때 누구도 흉내낼 수 없는 부분은 바로 그 비즈니스가 지닌 핵심 가치이다. 장기간에 걸쳐 형성된 단골 고객, 브랜드 인지도 그리고 운영 노하우 등은 회사를 매각할 때 몸값을 높여 유리한 조건에 매각할 수 있게 하는 자산이기도 하지만, 경쟁으로부터 살아남을 수 있는 방어벽이기도 하다.

■ 투자규칙 6. **내부적으로 투자하라**

수익을 최대화 하고 재정적인 독립을 위해서 어느 부문에 어떻게 투자할 것인가 하는 것은 줄곧 우리의 뇌리를 떠나지 않는 문제이다.

화장실 수리나 페인트를 칠하는 일을 스스럼없이 할 수 있다면 혹은 자산관리사에게 지불하는 비용이 아깝다고 여겨진다면 주거용 부동산에 투자하라. 투자할 수 있는 여력이 많고 불확실성에 대처할 수 있는 능력이 충분하다면, 산업용 내지는 상업용 부동산에 투자하는 것도 좋다. 주식시장은 당신이 투자하고 있는 회사의 유형에 따라 다양한 투자 기회를 제공한다.

각기 다른 시장에서 몇 가지 다른 투자 수단을 이용하는 것이 현명하다. 그리고 잠재적으로 가장 큰 수익성을 가져다 줄 수 있는 투자 가운데 하나는 바로 당신 자신의 회사에 투자하는 것이다.

회사가 성장함에 따라서, 회사의 전망에 관해 그 누구보다도 당신이 가장 잘 알고 있기 때문이다. 자신의 회사에 투자할 때, 당신은 자연히 그 돈으로 어떠한 수익을 낼 것인가에 관한 최선의 아이디어를 생각하게 된다. 비즈니스를 하는 과정에서 상당한 수익을 얻고, 그것을 매각하는 과정에서도 예상치 못한 이득을 볼 수 있다는 점을 감안한다면, 사업을 시작한다는 자체가 돈이 되는 투자의 한 방편이라고 볼 수 있다. 당신이 몇 시간 동안 고심한 끝에 조그만 일을 시작하든 아니면 기존의 사업에 3차원의 웹 비즈니스 공간을 더하든 상관없이 모두 적용된다.

위의 투자규칙을 따른다면, 당신은 지속적인 가치를 지닌 것을 얻을 수 있고, 클릭으로 부자가 될 수 있는 최상의 기회를 잡게 될 것이다. 언제 더 많은 시간과 돈을 투자할 것인지 결정하기 위해, 먼저 당신이 관여하는 비즈니스의 썰물과 밀물을 이해하려고 노력하라. 그리고 실현 가능한 목표를 세워라.

예를 들면, 당신의 인터넷 비즈니스를 스스로 돌아갈 수 있는 수준으로 올려놓는 것도 한 가지 목표가 될 수 있다. 더 나아가서, 수익이 일정 수준에 이르렀을 때 더 큰 집으로 이사한다든지 해외여행을 떠난다든지 혹은 새로운 사무실로 옮기는 것도 목표가 될 수 있다. 이 모든 것이 하룻밤 사이에 이루어질 수는 없겠지만, 좋은 아이디어, 시간의 효율적인 이용 그리고 투자가 있다면 시간이 흐른 뒤 언젠가는 이루어질 수 있을 것이다.

12장

과연 이루어질 수 있을까?

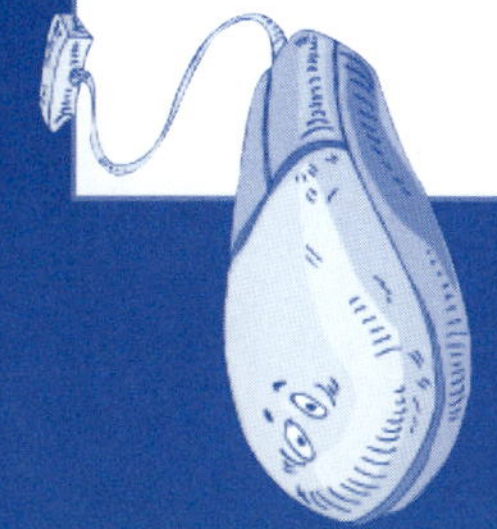
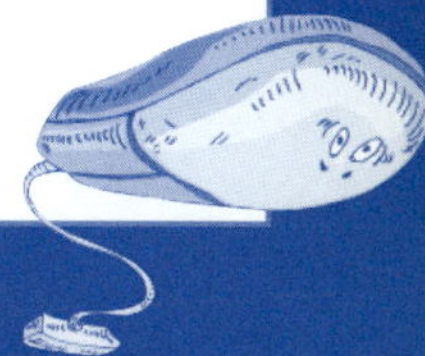

크든 작든 새로운 사업을 시작한다든지 기존의 사업을 한 단계 높은 수준으로 끌어올리는 일은 늘 우리로 하여금 어느 쪽으로든 결정을 내려야 하는 상황에 처하게 만든다. 비즈니스의 성공을 위해서는 끈기와 참을성 그리고 언제나 견지할 수 있는 자신에 대한 신뢰가 필요하다.

새로운 사업을 시작한다는 것은 외로운 노력이다. 모든 것을 직접 해내야 하는 초기에는 특히 그렇다. 이 시점에서 자칫 절망에 빠지거나 반짝이는 아이디어를 가지고도 실행하지 못하는 자신의 능력에 대해 회의에 빠지기 쉽다.

나는 오랫동안 이 절망의 동굴을 경험한 적이 있는데, 특히 어떤 계획을 세우느라 장시간 매달렸지만 실마리가 보이지 않을 때는 더욱더 그랬다. 나는 내 능력을 미심쩍어 하기 시작했고 계획 자체가 의심스러웠으며, 실패할지도 모른다는 생각에 휩싸였다. 그러나 동굴이 늘 깊고 어두운 것만은 아니다. 가까운 친구의 도움, 불현듯 뇌리를 스치는 영감 혹은 지나가는 구름이 가져다 준 깨달음이 언뜻언뜻 한 줄기 빛을 던져주는 때도 있었다.

때로는 와인을 마시며 괴로움에 빠지기도 했고, 때로는 의심과 불안에 휩싸이기도 했다. 하루가 저물 무렵, 그런대로 괜찮은 날이 있는가 하면 형편없이 처지는 날도 있고, 희망에 들뜰 때가 있는가 하면 절망에 젖기도 하고, 어두운 동굴이 있는가 하면 탁 트인 하늘이 펼쳐지기도 하지만, 한 가지 확실한 것은 자신만의 확고한 신념이 있기에 우리는 성공을 향해 나아갈 수 있다는 것이다. 자신의 재능을 최대한 발휘하고 자신이 이용할 수 있는 자원을 최대한 이용한다면, 성공은 마침내 찾아온다.

윈스턴 처칠은 언젠가 책을 쓰는 일을 강에서 수영하는 것으로 묘사했다. 규모는 어찌되었든 새로운 사업을 시작하는 것도 이와 마찬가지의 딜레마를 갖고 있다. 두 발과 발목 그리고 허리를 크게 움직여 맞은편 강 언덕으로 헤엄쳐 가려고 애쓸 때의 짜릿하고 즐거운 기분에 대해 그는 이렇게 썼다.

'강 중간에 이르렀을 무렵, 처음 강물에 뛰어들었을 때보다 물이 더 차갑게 느껴지고 물살이 갑자기 위험하게 바뀔 수 있다. 강물 한가운데

에서, 모든 것을 포기하고 방금 떠나왔던 안전한 강변으로 헤엄쳐 돌아가고 싶은 강한 충동이 생긴다.'

반대편 강둑은 아직 멀리 있지만, 계속 헤엄쳐 감에 따라서 당신은 처칠이 '가운데 중의 가운데'라고 불렀던 지점 즉 두려움, 좌절 그리고 실망이 씻은 듯이 사라지는 지점에 이르렀다는 사실을 깨닫게 된다. 동시에 마지막 남은 힘을 다하여 반대편 강둑에 도달하고 말겠다는 힘과 결심이 솟아난다. 이 때가 되면 당신은 앞으로 어떤 일이 일어나든 신경 쓰지 않게 된다.

강변에 거의 다 이르러서야 마침내 처음 희망했던 것 이상으로 성공을 거둔 환희에 젖게 된다. 되돌아보면 그것은 당신의 삶에 성공을 굵게 새기는 배움과 용기의 여정이다. 큰 성공을 거둔 사람들이 시간과 노력을 들일 만한 가치가 있는 것은 직접 뛰어들어 체험해야 할 대상이지 그냥 바라만 보는 것이 아니라고 말하는 것도 바로 이 때문이다.

사업을 시작하거나 인생을 바꿔 놓을 수 있는 무엇인가를 하다 보면, 그냥 포기하는 경우가 얼마나 많고 쉬운지 우리는 잘 알고 있다. 입으로만 강에 발을 담그자고 말하며, 실제로는 강 가까이 다가서지조차 못하는 사람들이 있다. 흔히 그들은 발을 담그거나 강둑을 어슬렁거리며, 미리 걱정하고 염려하다 '그냥 포기해 버릴까?' 하는 고민으로 긴 시간을 허비하고 만다. 결과적으로, 그들에게는 그저 '강물로 뛰어들면 기분이

어땠을까?'라는 희미한 기억만 남을 뿐이다.

반면에, 뛰어들어서 수영을 해 보고 싶어 안달하는 사람들도 있다. 그들은 몸을 담그고 강 한가운데를 향해 수영을 하기 시작한다. 하지만 오래지 않아 그것이 얼마나 어렵고 힘든 것인가를 깨닫고 돌아오고 만다. 그런 사람들의 경우 무엇보다 애석한 일은, 강 한가운데나 한가운데를 조금 넘은 지점에 이르러서 한번만 더 숨을 들이쉬고 헤엄쳐 가면 목표 지점에 이를 수 있음에도 그만 모든 것을 포기하고 만다는 것이다.

세상에 쉬운 일이란 없다. 강을 건너는 것도 마찬가지이다. 이런 사람들의 경우에서 얻을 수 있는 가장 큰 깨달음은, 첫 번째 실패에서 멍투성이가 됐다고 해도 또다시 가능성에 승부를 거는 끈기가 바로 성공의 열쇠라는 사실이다. 넷 기업가들을 대상으로 한 연구에서 내가 가장 분명하게 알게 된 것은, 문제가 닥쳤을 때 이를 하나하나 해결하는 능력이 곧 성공이라는 것이다.

의심의 동굴 속을 지날 때, 처칠의 강을 기억하기 바란다. 불가능해서 도저히 실현시킬 수 없을 것 같은 일이 새로운 결심, 한 모금의 담배 그리고 승리에 대한 비전으로 성취되었을 때, 우리는 그 '최고의 시간'을 경험할 수 있기 때문이다.

웹 비즈니스에서, 당신이 온갖 노력을 기울여 만든 사이트가 그토록 바라마지 않던 수준으로 발전하지 못했다면 곧바로 낙담해 버리기 쉽다. 시간과 노력을 기울여 왔던 모든 일이 형편없이 작은 부스러기가 되어 버렸다면, 이것은 그야말로 비참한 일이다.

많은 넷 기업가들은 자신들의 웹 비즈니스가 과연 '중요한 문턱'을 넘을 수 있을까 미심쩍어 하며, 고객의 숫자를 늘리는 일이 도저히 극복할 수 없는 절벽인 것 같은 두려움에 사로잡힌다. 이쯤 되면 '.com' 열풍으로 화제가 바뀌면서 인터넷으로 돈을 버는 사람은 아무도 없다는 말까지 나올 것이다. 매스컴은 여전히 인터넷 시장을 변덕스러운 시선으로 바라보면서, 이를 장기적인 추세가 아니라 한 때 반짝했다 사라지는 현상 중 하나로 언제든 몰아갈 태세이기 때문이다.

사람들의 동정심을 자극하여 인터넷에서 구걸행위를 하려고 사이트를 만드는 '.com' 실직자들에 관한 부끄러운 이야기가 보도된 적이 있다. 겨우 끼니를 이으면서 불쌍하게 웅크리고 자는 자신의 실직 후의 생활 모습을 찍은 비디오를 인터넷에 올리고, 그 비디오를 본 방문객 수가 2,500명에 이르면서 그의 깡통에는 6,500달러의 돈이 모였다. 그는 지금도 실제로 깡통을 흔들어 댈 필요가 없는 웹 거지로 잘 살아가고 있다.

'.com' 열풍은 회의적인 시선에 대한 구실을 제공해 주었다. 성공의 길 곳곳에 감춰진 동굴 속을 지날 때, 우리는 긴 의심의 시간을 견뎌야 한다. 동굴은 바깥 세상의 실체를 의미한다. 웹 비즈니스를 운영하는 사람들을 연구한 결과, 이들 대부분은 거의 빈손으로 시작하여 지금은 돈을 벌고 있었다. 단지 생활하기에 충분한 정도의 돈을 버는 경우도 있었고, 평생 일할 필요가 없을 만큼 많은 돈을 버는 사람들도 있었다.

인터넷은 빠르게 성장하고 있다. 언제나 늦었다고 시작할 때가 제일 빠른 것처럼 지금이 바로 뛰어들 시간이다. 정보화 시대는 전에 없이 많은 젊은 백만장자들을 탄생시켰다.

사람들이 온라인에서 보내는 시간을 계산해 보면, 오늘날 미국인 가운데 15%가 온라인상에 있고, 20%가 온라인에서 물건을 구매한다고 한다. 이 규모는 빙산의 일각에 불과하다. 불길이 타오르기 전에 피어오르는 연기일 뿐인 것이다. 인터넷 비즈니스의 초기에 비즈니스맨들이 겪었던 시스템이 다운되는 몇 년 간의 끔찍하고 답답했던 세월에도 불구하고, 현재 인터넷 주문에 대한 만족도가 약 85%를 오르내리고 있다.

의심의 동굴이 새로운 비즈니스에 뛰어들려는 당신을 방해한다면, 당신에게는 어쩌면 강을 건너야 할 당위성이 없는지도 모를 일이다. 먹고 살기 위해 하는 행위도 그만의 동굴과 난관이 있다. 요즘 대부분의 직장인은 해고당하거나 어떤 시점에서 그만두어야만 하는 상황에 놓일 수 있다. 일시적으로 해고되거나 직업이 없고 다른 직장을 찾기도 어려운 경우, 당신의 실업률은 100%이다. 기업들이 내부에 직원을 두기보다 독립적으로 활동하는 전문가들을 더 선호함에 따라서, 아웃소싱은 확산일로에 있는 조류가 되고 있다. 더 많은 융통성을 허용하면서 행정적인 부담은 줄여 주기 때문이다.

평생 직장의 시대는 이제 끝났다. 하지만 분명한 것은 우리는 지속적인 수입원을 원한다는 것이다. 집세나 담보대출금, 자동차 수리비, 주택관리비, 학비 등 달마다 내야 하는 돈이 한두 푼이 아니다. 당연히 더 많이 벌고 싶은 바람을 품게 된다. 그 희망사항 속에는 해외여행을 떠나고, 더 큰 집으로 옮겨가고 아이들을 대학에 보내는 것들이 포함되어 있다.

재정수요가 늘어남에 따라, 지구상의 모든 정부는 교육, 위생 그리고 복지에 필요한 재원을 마련하기 위해 세금을 올리고 있다. 빠르게 늘어나고 있는 노령인구로 인해 장차 양로대책을 획기적으로 확대 실시해야 할 것이다. 현재 당신이 해야 할 일은 수입과 재정의 안정도를 높이기 위해 수입을 증대시킬 수 있는 일에 뛰어드는 것이다. 의심의 시간도 있고 어두운 동굴도 있겠지만, 잃을 것이 그리 많지는 않을 것이다.

13장

자산을 현금화할 기회

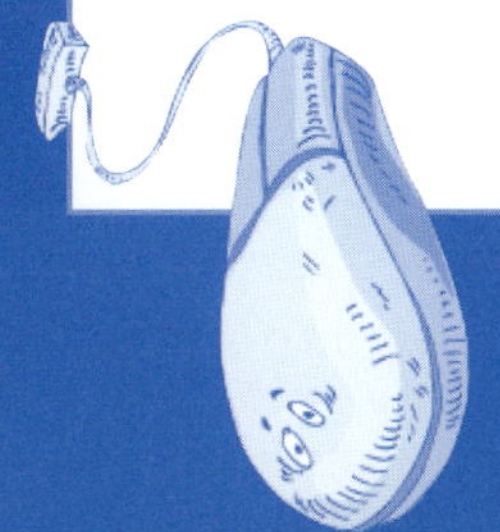
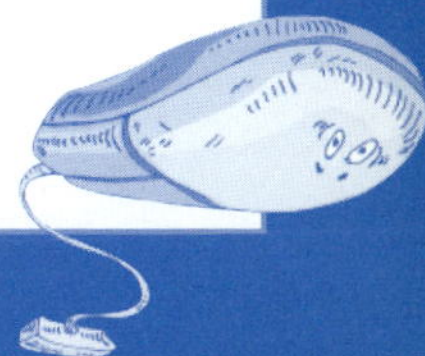

　인구가 노령화됨에 따라 노동 인구가 져야 할 부담도 점차 늘어나고 있다. 미래학자 찰스 핸디는 포트폴리오 노동자의 도래를 예견한 바 있다. 포트폴리오 노동자란 독자적으로 일하면서, 자신의 재능, 지식 혹은 기술에 따라 다양한 여러 가지 활동을 통해 수익을 창출하는 사람을 일컫는다. 그런데 활동을 비판하는 사람들은 이런 경향이 일정한 직업 형태도 재정적인 안정도 없는 사람들을 양산하게 될 것이라고 말한다. 이것은 병가, 유급 휴가 혹은 보장된 수입이 없는 사회를 두고 하는 말이다.

　반면에 지지하는 사람들은 언제 자신을 해고할지도 모를 고용주에게 매달리는 것이 아니라 수많은 자기 고객을 확보하기 위해 노력하기 때문에, 오히려 직업 안정성이 커진다고 말한다.

내가 이 책을 쓴 것은 바로 이런 이유에서이다. 이것은 우리가 알고 있는 것처럼 세계를 바꿔 놓을 수 있을 만큼 엄청난 충격을 몰고 올 매개수단이자 시장이다. 인터넷 세계는 인터넷을 적극적으로 이용하는 사람들의 삶을 시시각각으로 새롭게 바꿔 놓을 수 있으며 또 앞으로 그렇게 될 것이다. 미래에는 더욱 많은 사람들이 재택근무를 하고, 인터넷을 이용해 업무를 처리하며, 이메일을 통해 자신들의 상품을 판매하게 될 것이다. 이것은 당연히 사람들이 집에서 혹은 집 근처에서 편하게 일할 수 있다는 것을 뜻한다.

내가 인터뷰한 많은 넷 기업가들의 경우, 어떤 사람들은 집에서 일하는 것을 오히려 문제로 여기고 있었다. 집에서 일하는 것은 고립적이고 외롭다는 것이다. 사람들 속에 어울려 일하는 경우가 거의 없기 때문이다. 그러나 집에서도 인터넷을 이용해 이메일이나 채팅을 하며 고객, 공급자, 조언자 그리고 친구들과 꾸준히 이야기를 주고받는 관계를 형성할 수 있다. 컴퓨터는 전화처럼 일종의 매체이다. 하지만 이것은 문자를 이용하는 의사소통 수단이라는 점에서 더 독특하고 사려 깊은 통신수단이다.

예를 들어, 사랑을 전하거나 혹은 사과의 말을 하고 싶을 때, 그것을 글로 쓰면 더 쉽고 분명하게 전달할 수 있다. 이렇게 인터넷은 문자를 이용한 통신수단의 정보성 그리고 즉석에서 메시지를 주고받을 수 있는

Click & Grow Rich

신속성으로 구식 통신수단의 자리를 대신하고 있다.

　제품을 직접 관리해야 하거나 여러 명의 직원을 고용하는 웹 비즈니스의 경우, 집 안에서 일하기에는 비좁기 때문에, 흔히 집 근처의 사무실이나 창고를 임대하기도 한다. 집을 사무실로 쓰다 보면 일에서 벗어나기가 힘들다고 걱정하는 사람들도 있다. 서류뭉치를 집으로 가져오거나 집에서 전화에 매달려 있어야 하는 샐러리맨들의 경우와 무슨 차이가 있느냐는 것이다. 그러나 당신이 정말로 하고 싶은 일을 할 때, 그 일은 지극히 자연스러운 것이 되며 생활 속의 즐거움이 된다.

　집을 사무실로 하면 출퇴근하는 데 드는 시간과 경비를 들일 필요가 없다. 즉 별도의 과도한 부대비용을 덜어 주므로 당신의 투자가치를 최대화할 수 있다. 인터넷을 이용한 재택 근무가 늘어나면서 사무실과 가까운 거리에 살아야 한다는 고정관념이 깨지는 것은 당연한 일이다. 더구나 사람들이 붐비는 도시를 떠나 공원, 해변 등 자연과 가까운 곳에 살기를 원하면서 앞으로 일종의 '탈도시화' 현상을 보게 될지도 모른다.

　또한 고객이 온라인에서 쇼핑을 한 후, 가까운 상점에 가서 그것을 구입하는 '벽돌&클릭' 비즈니스가 점차 자리 잡게 될 것으로 예상된다. 대부분의 고객들은 인터넷으로 주문하고 주문한 제품이 배달될 때까지 기다려야 하는 것에 아직 익숙하지 못하기 때문이다.

　폴크스바겐과 같은 고급 자동차 회사들이 고객들로 하여금 온라인에서 자신의 차를 직접 설계할 수 있도록 하듯이, 인터넷에서도 주문 생산이 중요한 비즈니스의 핵심이 되고 있다. 인터넷을 통한 양방향 의사교류, 선택, 배송 등에 있어 고객에게 선택의 여지를 줌으로써, 고객은 자신의 취향과 기호에 맞게 상품이나 서비스를 주문할 수 있는 특별한 기회를 누리게 되는 것이다.

웹은 세계적인 거대한 시장으로 부상하고 있다. 웹을 통한 주문 생산은 개개의 고객에게 즐겁고 특별한 온라인 쇼핑 경험을 제공한다. 한 가지 예로, MyCeral.com은 고객들이 직접 자신이 먹을 시리얼을 생산할 수 있는 사이트이다. 고객이 그 시리얼을 만들기 전까지 그것은 이 세상에 존재하지 않던 시리얼인 것이다.

주문 생산과 함께 인터넷은 고품격의 새로운 소비세계의 도래를 촉진하고 있다. 이전에 고급제품을 살 형편이 되지 않았던 고객들이 온라인에서 특별가로 고급제품을 구매할 수 있는 기회를 갖게 된 것이다. 온라인은 이제 더욱 대중적인 학습의 장이 되고 있다. 여러 가지 과목을 배워야 하는 교실보다 더 효과적으로 더 저렴하게 필요한 것을 배울 수 있는 매체를 제공하기 때문이다.

오락부문의 경우, 온라인 게임이 앞으로도 계속 성장할 것으로 예상되고 있는데, 특히 제품 브랜드를 광고하는 일에 도움을 줄 수 있는 온라인 게임은 더욱 빠르게 성장할 것이다.

사람들은 주문 생산, 유명 브랜드 제품, 학습, 인간관계, 애완동물에 관한 정보 등 기타 여러 분야에 관한 정보를 찾아서 인터넷에 들어온다. 그들은 상품, 서비스 등 도움이 될 만한 정보를 찾아다닌다. 마치 정보수집 임무를 반드시 수행하고 말겠다고 굳게 결심한 개미들의 행진같다.

웹 비즈니스에서 기다리고 있는 많은 이윤창출의 기회를 내 것으로 만들기 위해, 먼저 해야 할 일은 인터넷이 어떻게 매개수단과 시장으로써 작용하는지 이해하는 것이다. 이렇게 하기 위해서는 시간을 들여서 검색을 하고, 사이트를 방문하여, 그들이 어떻게 돈을 벌고 있는지 직접 알아보아야 한다.

웹 비즈니스 뉴스에 항상 촉각을 곤두세우고, 시장을 주도하고 있는 '.com' 기업들을 주의 깊게 살핀다. 일단 인터넷의 가능성을 이해하면, 상품이나 서비스를 판매하는 여러 가지 다양한 수단을 찾아내기가 수월해진다. 인터넷에서 장사를 하다 보면, 상호교류, 주문 생산 그리고 고객과의 관계 유지 같은 고객의 마음을 만족시킬 수 있는 비결을 터득하게 된다.

대부분의 시장들과 마찬가지로 인터넷도 앞으로 계속해서 변화하고 발전할 것이다. 새로운 기술이 그랬듯이, 새로운 유행 경향은 넷 기업가들에게 비즈니스의 새로운 기회가 되어 줄 것이다. 시장, 매체 혹은 기술이 정보화 시대를 마구 바꾸어 놓더라도, 자신이 좋아하는 일에 집중하고, 시간을 잘 활용하며, 자신만의 동기를 만들고, 비즈니스 과정을 자동화하여 가능성이 있는 일에 투자해야 한다는 원칙들이 클릭으로 부자가 될 수 있도록 당신을 도와 줄 것이다.

14장

결국 해낸 사람들

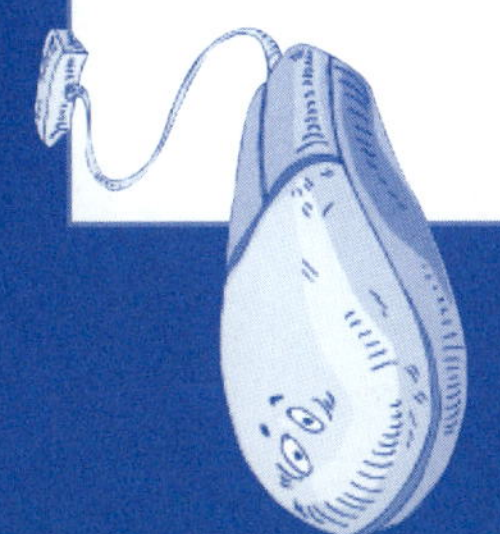

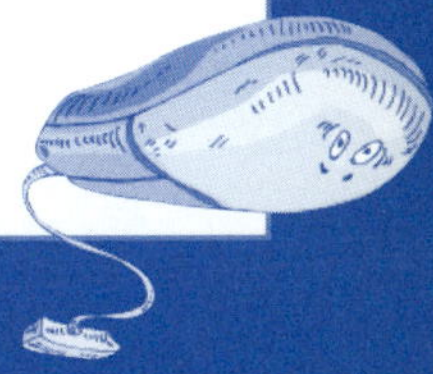

우리는 지금까지 클릭만으로 성공한 비즈니스와 '벽돌&클릭'으로 성공한 비즈니스가 걸어 온 다양한 길과 성공의 정도를 살펴보았다. 본 장에서는 잘 알려져 있거나 널리 알려져 있지는 않지만 성공한 여러 인터넷 기업가들의 이야기를 하려고 한다.

넷 기업가들을 연구하는 과정에서, 그들에게는 비즈니스에 대한 어떤 공통된 접근법을 가지고 있다는 것을 발견하게 되었다. 이 접근법들을 종합해 봄으로써, 온라인 비즈니스 너머에 있는 성공의 비결을 잠깐이나마 들여다 볼 수 있지 않을까 생각한다.

때로는 바로 그 순간에 그 곳에 있었기 때문에 성공이 찾아오는가 하면, 때로는 피나는 노력의 대가로 성공을 거두기도 한다. 또 적절한 아이디어, 효율적인 시간 활용, 자동화 그리고 현명한 투자라는 원칙에 근거하여 클릭 비즈니스에 뛰어들었기 때문에 필연적으로 성공한 경우도 있다.

다음에 소개할 이야기들은 세계 여러 지역의 넷 기업가들, 특히 최근 조사에 따르면 세계에서 두 번째로 비즈니스하기 좋은 나라로 꼽힌 뉴질랜드 출신의 넷 기업가들에 관한 이야기이다. 개인적인 인터뷰를 통해 알게 된 내용들이 대부분이지만, 신문보도와 웹 사이트에서 입수한 내용도 일부 있다.

1. 예네네(뉴질랜드)

인터넷에서 돈을 벌고 많은 단골 고객을 확보하고 클릭으로 부자가 되기 위해, 시간을 효율적으로 이용할 수 있는 한 가지 방법은 독자들의 관심을 끌 만한 컨텐츠를 만드는 것이다. 컨텐츠의 대표적인 예는 23살의 예네네가 직접 창간한 웹 잡지 「NZGirl」(www.nzgirl.co.nz)이다.

온라인 잡지로써는 가장 큰 규모를 자랑하는 「NZGirl」은 인간관계, 직업, 건강, 패션, 메이크업 그리고 성에 이르기까지 다방면에 걸친 조언과 정보를 담고 있어서 많은 젊은 여성들의 관심을 끌고 있다.

컨텐츠 구성을 전담하는 전문작가를 고용하고 있으며, 정확한 고객층을 겨냥한 마케팅과 이색적이고 혁신적인 광고에 많은 투자를 하고 있다. 예네네의 팀은 인터넷을 이용하여 광고 선택권을 광고주들에게 개방하는 방법으로 그야말로 상당한 수익을 거두어들이고 있다.

예네네는 21살의 나이에 「NZGirl」을 창간하여 지금은 15명의 직원을 둔 잘 나가는 사업가가 되었다. 그녀는 일상생활 가운데 누군가를 행복하게 해 줄 수 있고, 매일 찾아오는 2,500명의 방문객들에게 도움을 줄 수 있는 일을 하고 있다는 것에 만족하고 있다. 방문객들은 사이트가 자신들의 생활에 어떤 좋은 영향을 가져다주었는가에 대해 그녀에게 이메일을 보내고 있다.

그녀는 출판 분야에서 특정계층의 뉴질랜드 여성들을 겨냥한 틈새시장을 발견하면서 이 일을 시작하게 되었다. 이 구상을 실현시키기 위해 여러 가지 방법을 모색한 끝에, 접근이 용이하고, 투자비용이 저렴하며, 사람들이 비교적 많은 시간을 보내는 웹 사이트가 잡지 발간을 위한 확실한 매개수단이 될 수 있을 것이라는 결론을 내렸다.

「NZGirl」의 비즈니스 모델은 광고주들을 주요 재원으로 한 바탕에 기초하고 있다. 광고주들은 대개 단순히 마케팅과 광고를 하는 차원을 넘어서, 대중지향적인 올바른 연구 분석, 샘플링 테스트, 대중적인 관계 형성 그리고 직접적인 마케팅에 더

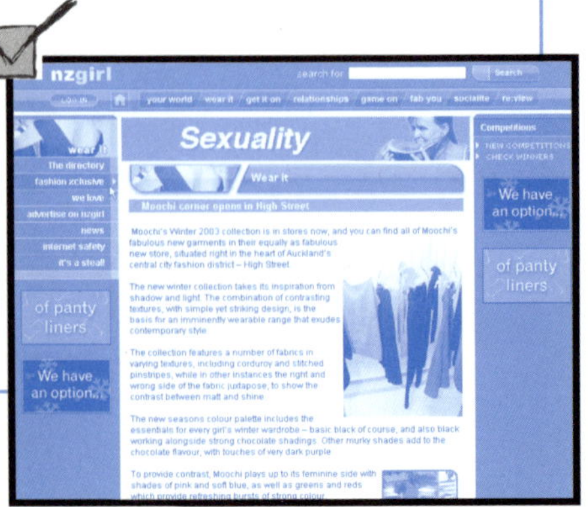

관심을 가진다고 판단하고, 여기에 맞는 접근법을 취함으로써 이것이 가능했다.

「NZGirl」 방식의 비즈니스 모델은 두터운 독자층 그리고 광고주들의 관심을 예리하게 꿰뚫어 본 판단력 등, 여러 가지 강점들을 기반으로 시중 은행으로부터 벤처자금 지원을 받는 회사로 성장하게 되었다.

대부분의 넷 기업가들과 마찬가지로, 예네네에게도 힘든 시기가 있었다. 그녀가 부딪힌 가장 큰 어려움 가운데 하나는 새로운 웹 아이디어에 대해 여전히 고개부터 가로젓고 보는 마케팅 담당자들의 편견이었다. 그러나 다행히도 그녀의 사이트를 좋아하는 수천 명의 여성 고객들의 지지와 두터운 독자층 그리고 건강 음료를 지원해 준 음료회사의 도움이 그녀와 그녀의 팀에게 용기를 주었다.

예네네에게는 세 가지 성공비결이 있었다. 첫째 지극히 신중하면서도 예리하게 자신의 제품을 연구 개발했고, 둘째 실생활에서 볼 수 있는 것보다 100배 더 나은 제품을 만들기 위해 노력했으며, 셋째 자신이 하고 있는 일에 대한 전폭적인 애정과 자신에 대한 강한 신념이 그것이었다.

현재 「NZGirl」팀은 그동안 사무실로 쓰던 예네네의 집에서 사무용 건물로 이전할 준비를 하고 있다. 예네네와 그녀의 팀은 자신들에게 컴퓨

터가 있고, 전화기가 있는 한 넘치는 웃음과 재미, 그리고 사이버 공간

이 벌어다 주는 돈이 언제나 끊이지 않을 것이라 믿고 있다.

2. 예니(뉴질랜드)

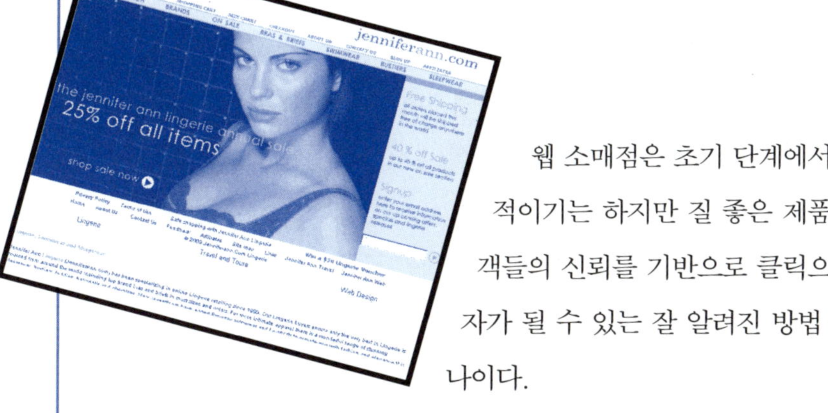

웹 소매점은 초기 단계에서 경쟁
적이기는 하지만 질 좋은 제품과 고
객들의 신뢰를 기반으로 클릭으로 부
자가 될 수 있는 잘 알려진 방법 중 하
나이다.

예니는 온라인 란제리 소매점 Jennifer-Ann.com으로 넷 기업가로 변
신하는 데 성공했다. 지칠 줄 모르고 일에 매달린 결과 그녀는 수백만
명의 방문객들이 끊임없이 찾아오고, 수천 명의 고객들이 만족을 느끼
며, 주문의 70%가 미국으로부터 오는 성공적인 비즈니스를 이루어 냈
다. 그녀의 비즈니스 아이디어는 매우 간단했다. '멋진 가격에 멋진 스
타일'의 란제리를 온라인에서 판매하는 것이었다.

어느 날 아침, 잠에서 깨어나 문득 인터넷에서 무엇인가를 해 보고 싶

다는 생각을 하면서 Jennifer-Ann.com 아이디
어를 떠올리게 되었다. 맵시 좋은 속옷을 사들
이는 일을 좋아하던 그녀에게 란제리 사업은
더할 나위 없이 좋은 선택이었다. 사업이 커짐에 따라, 그
녀는 팀을 만들었고, IT업체와의 계약으로 인해 어려움을 경험한 후에
는 자신의 웹 사이트 디자인을 전담할 호스팅업체를 세웠다.

예니는 가까운 장래에 미국과 유럽에 지사를 설립하고 온라인 비즈니
스를 하고 싶어하는 사람들에게 성공의 비결 — 매출이 있기 전에 무모
하게 투자하지 말 것, 수중에 있는 돈으로 투자할 것, 그리고 모든 것을
고객에게 맞출 것 — 을 가르쳐 줄 수 있기를 바라고 있다.

현재 그녀는 아들을 출산한지 얼마 되지 않아 일을 잠시 쉬고 있지만,
그녀가 자리를 비운 동안에도 그녀의 팀은 고객관리와 세계 각지로 최
고 품질의 제품을 배달하는 모든 일을 빈틈없이 수행하고 있다.

3. 제프(미국)

1994년 여름 어느 날, 제프는 뉴
욕에 있는 한 투자회사의 잘 나가
던 일자리를 그만두고, 자신이 생
각한 사업을 실행에 옮기기 위해

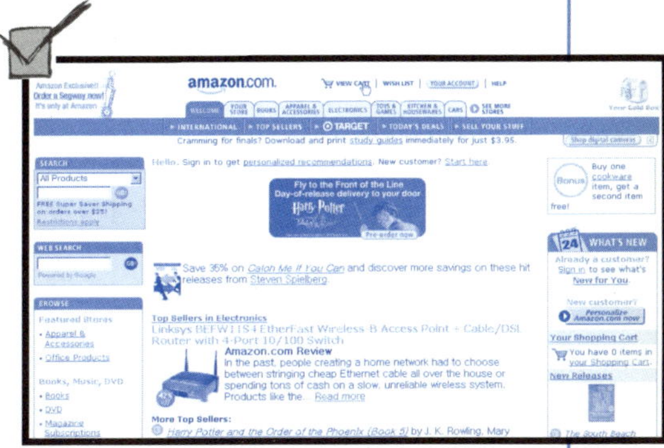

짐을 꾸려 아내와 함께 시애틀로 향했다. 시애틀에 도착했을 당시, 그의
머릿속에는 인터넷에서 책을 팔겠다는 계획이 들어 있었다.

투자가들은 그가 정신이 나갔다고 생각했다. 그는 주위의 시선에 아
랑곳하지 않았다. 그의 눈은 웹 비즈니스를 향해 있었고, 소매업의 미래
가 그 곳에 있다고 믿었다. 그가 바로 오늘날 Amazon.com을 운영하
는 백만장자 제프이며, 그의 사이트는 온라인 비즈니스를 하려는 사
람들에게 일종의 참고서로 통한다.

제프의 성공비결은 아마도 인터넷의

앞날을 미리 내다보고 일찌감치
뛰어들었다는 데에 있을 것이다.
경제의 흐름을 내다보고 일찍
뛰어드는 사람이 유리한 고지
를 선점하는 것은 당연하다.

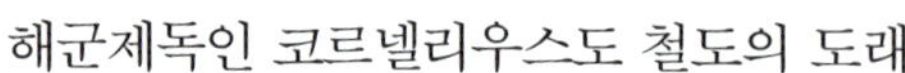

해군제독인 코르넬리우스도 철도의 도래
를 예상하고, 기꺼이 배를 떠나 산업자본가로 변신에 성공했
다. 토마스 와트슨은 PC혁명의 도래를 내다보고 IBM 사에 인터넷 분
야에 뛰어들 것을 권유했다. 제프는 인류가 만들어 낸 가장 오래된 제품
가운데 하나인 책을 가지고 온라인에서 성공을 거두었고, 그 이후 CD에
서 파워 툴에 이르기까지 모든 영역으로 비즈
니스 범위를 넓히고 있다.

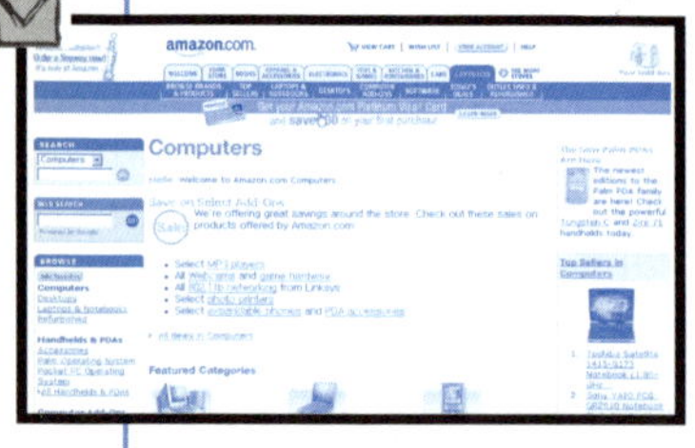

4. 사이몬(뉴질랜드)

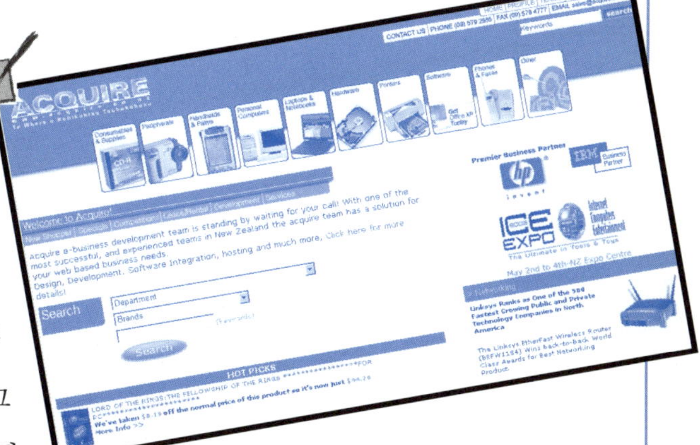

　　사이몬이 자신의 직업에 싫증을 느끼고 이직을 꿈꾸기 시작했을 때, 그는 포장용 상자를 팔면 돈이 될 것이라는 결론을 내렸다.

　　파트너와 팀을 만들어, 인터넷에서 컴퓨터 하드웨어와 스프트웨어 포장용 상자를 판매하는 일이 바로 현재 그가 하고 있는 일이다.

　　이전의 직장을 그만두고 www. acquire.co.nz를 시작한 지 6개월 만에 돈이 들어오기 시작했다. 만약 그가 소비자들이 찾고 있는 것을 제대로 알지 못했다면, 지금의 일은 불가능했을 것이다. 웹을 이용하여 그는 자신의 구상에 도움이 될 수 있는 매우 기발한 아이디어를 발견했다.

그의 사이트는 상자 생산업체의 데이터베이스와 링크되어 있는데, 이 것은 공급자 측에서 가격 변동이 있으면 즉시 변동된 가격을 취합하여 자신의 고객인 모든 컴퓨터 물류업체들에게 알려 준다.

여기서는 포장용 상자 생산업체가 제품운송을 담당하는 방식으로 공급체계가 자동화되어 있어서, 사이몬과 그의 팀은 주문을 받고 사이트를 확장하는 데 전념할 수 있었다.

웹 거래에는 고객들이 구매결정을 할 수 있도록 무료로 도와 줄 수 있는 방법이 얼마든지 있다. 사이몬의 사이트가 가진 최대의 장점은 자신의 고객들에게 수시로 변동 된 가격 정보를 제공할 수 있다는 점이다.

고객들과의 전화 상담을 통해 앞으로 단골 고객이 되어 가격 정보를 필요로 할 것인지 아닌지를 판단하여, 이후에 필요한 모든 가격 정보가 자동으로 해당 고객에게 제공되도록 한다. 전화 통화가 끝날 때쯤, 사이몬은 고객에게 브라우저에서 새로고침 버튼을 클릭할 것을 요청한다. 그 버튼의 클릭으로 새로운 가격 정보가 그의 컴퓨터 모니터에 자동으로 뜨게 되는 것이다.

사이몬과 그의 팀이 경쟁력을 갖추기 위해 개발한 웹 거래 관리체계는 그 자체로 이윤창출의 힘을 갖고 있다. 그는 자신이 개발한 시스템을 외부에 판매하기 시작했는데, 몇몇 업체들이 관심을 나타내고 있다.

그의 비즈니스는 기본적으로 매출의 상당부분이 전화와 상담으로 이루어지는 '클릭&시멘트' 모델이다. 그의 비즈니스의 엔진은 인터넷에 있으며, 이 점이 그의 웹 비즈니스를 성공으로 이끄는 힘이 되고 있다. 현재 넓은 그의 집을 사무실로 이용하고 있는데, 이를 통해 부대비용을 확실히 절감하고 있다.

사이몬의 성공에서도 세 가지 주요한 비결이 있다. 그 첫 번째가 필요한 모든 준비를 스스로 했다는 것, 두 번째는 자동화 된 공급 시스템을 갖추고 있었다는 것, 세 번째로는 고객들에게 확실히 다가갈 수 있는 상품을 비즈니스 아이템으로 설정했다는 것이다.

여기에 또 한 가지를 덧붙이자면 고객들이 원하는 상자를 저렴하고 신속하게 배달하는 것이다.

그는 미래의 성장 가능성과 해외로 확장할 수 있는

잠재력을 확신하고 있다. 그의 말을 인용하면, 그는 어떻게 이토록 짧은 시간에 인터넷 비즈니스를 성공시킬 수 있었는지 믿어지지 않아서 가끔 자기 볼을 꼬집어 볼 정도라고 한다.

5. 유진(뉴질랜드)

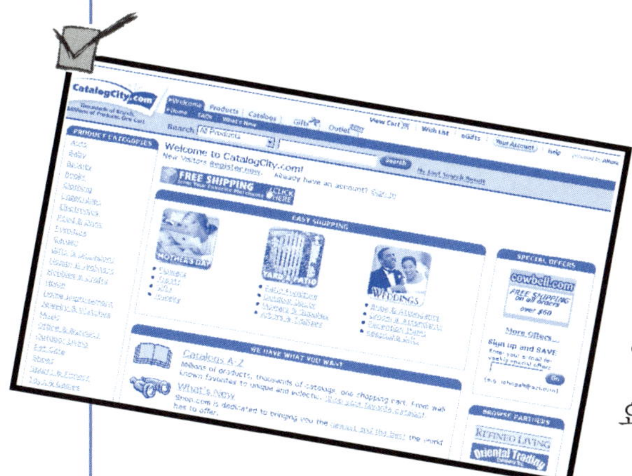

이메일을 이용한 마케팅 방식으로 성공하기 위해서는 치열한 경쟁에 부딪힐 각오가 필요하다.

현명한 넷 사업가라면 세계시장의 독특한 틈새를 발견할 줄 알아야 한다. 25살의 나이에 선물용품 사이트 PacificCollection.com을 운영하는 유진은 그 중 한 명이다.

그의 사이트는 뉴질랜드 특유의 골동품과 수집품, 장난감, 취미용품, 서적, CD, 보석류를 판매하는 사이트이다. 매달 10만 명이 넘는 방문객이 세계 곳곳에서 그의 사이트를 찾고 있으며, 연간 매출액이 2백만 달러에 이르고, 매출실적이 매달 50%의 속도로 증가하고 있다.

아직 오클랜드 대학에 다니는 학생인 그는, 이 사이트를 개설한 이후 얼마 되지 않아 2천 달러라는 큰 돈을 저축할 수 있었다. 뉴질랜드에서 사이트를 운영하는 것은 영어권의 다른 지역에 비해 원가가 저렴하다는 장점이 있었다.

마진율이 무려 250%에 이르렀다. 그는 지금 비즈니스 과정을 자동화하는 작업에 착수했는데, 자동화 작업이 완료되면 운영자금이 거의 필요치 않게 된다. 이 자동화 작업에서는 마케팅이 핵심이다. 그는 마케팅에 탁월한 능력을 발휘하여, 고객의 이전 주문서를 데이터베이스화 하고 고객의 개인적인 취향에 초점을 맞춘 마케팅을 하고 있다.

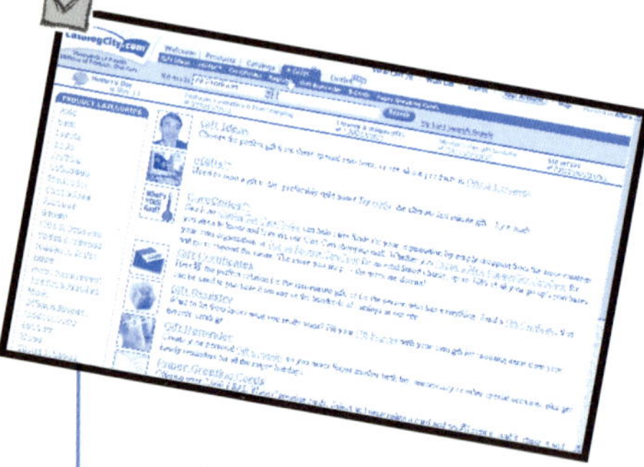

틈새시장 공략, 방문객의 숫자를 곧바로 매출로 연결시킬 것, 마진율을 높일 것, 비즈니스의 자동화, 그리고 고객의 요구에 최대한 부합하기 위해 주문 생산과 웹 쇼핑을 개인화할 수 있는 기술을 이용할 것, 이것이 바로 그의 성공비결이다.

6. 제이슨과 매튜(미국)

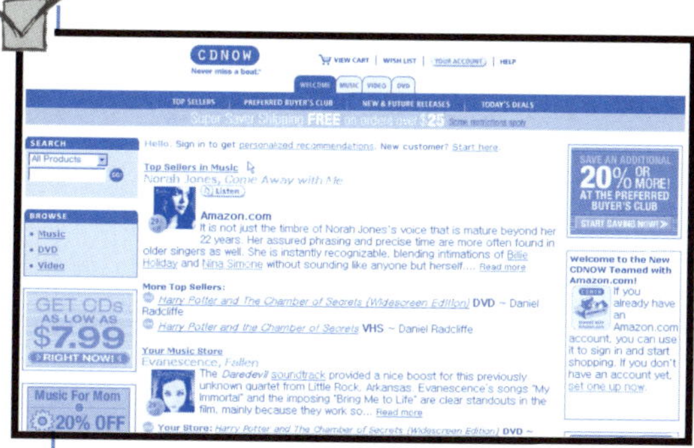

쌍둥이 형제인 제이슨과 매튜는 연간 매출액 백만 달러라는 목표를 가지고 음악 CD를 판매하는 인터넷 상점 CDNow.com을 열었다. 1998년 사이트를 처음 시작할 때만 해도, 연간 매출액이 6천만 달러에 달하는 세계에서 가장 큰 온라인 음반판매 사이트가 될 것이라고는 아무도 상상하지 못했다.

이 쌍둥이 형제들은 24살에 자신들만의 비즈니스를 시작했는데, 그 당시 이미 수년 간 이 분야에서 경험을 쌓았던 다른 경쟁자들과 맞닥뜨렸다. 하지만 그 경쟁자들의 그런 다양한 지식, 경험, 자원 등 어느 것 하나도 그들에게는 문제되지 않았다. 그들의 성공비결은 바로 한 가지 목표에만 주력하는 것이었다.

보다 나은 음반가게를 만들기 위해 그들은 끊임없이 노력했다. 그리고 다른 웹 비즈니스의 성공의 경우들과 마찬가지로, 이들도 주문과 운송과정을 자동화했다. 그리하여 그들은 음반을 진열할 선반 하나 만들지 않고서도 엄청난 이윤을 내는 음반가게를 세우게 되었다.

7. 디네쉬(영국)

인터넷은 여행을 떠나는 일에도 자동화라는 특별한 기회를 열어 주었다. 여행 분야는 여전히 '벽돌&시멘트' 모델을 요구하고 있지만, 이제 이 분야에서도 인터넷으로 큰 돈을 벌 수 있는 시기가 찾아왔다.

디네쉬는 1999년 중반에 Ebookers.com을 시작했다. 이것은 그가 기존에 소유하고 있던 여행사 플라이트 부커즈의 후속편이라고 할 수 있었다. 초기에는 플라이트 부커즈에 속하는 한 부서로써 이 사이트를 만들었지만, 얼마 후, 그는 Ebookers라는 새로운 형태의 회사를 세우기로 결심했다.

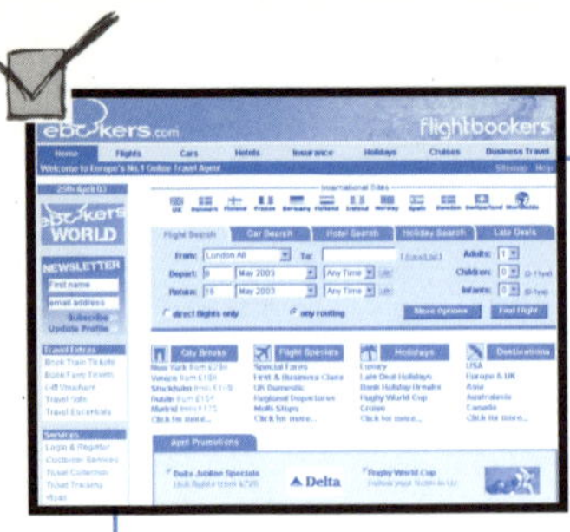

1997년 사이트의 매출실적이 1백 6십만 달러, 1999년에는 자그마치 2천 3백만 달러에 이르렀다.

그의 사이트는 비행기, 호텔, 렌터카, 여행보험 등 여행에 필요한 모든 것을 해결해 준다.

인터넷 여행사를 운영하기 위해서는 실제로 '벽돌&시멘트' 모델의 회사설립 허가가 필요하다. 그래서 그는 현재 11개의 나라에서 11곳의 '벽돌&시멘트' 모델인 Ebookers 여행사를 운영하고 있다.

현재 Ebookers는 온라인 여행 시장을 주도하고 있다. 고객의 형편에 따라 비용을 협의할 수 있다든지, 여행지에서 필요한 여러 가지 계약문제, 믿을 만한 현지 인쇄자들 그리고 저렴한 수수료 등이 모두 그의 온라인 여행사의 경쟁력을 떠받치고 있는 힘이다. 2000년 디네쉬의 개인 자산은 2억 달러가 넘었다.

8. 마사(영국)

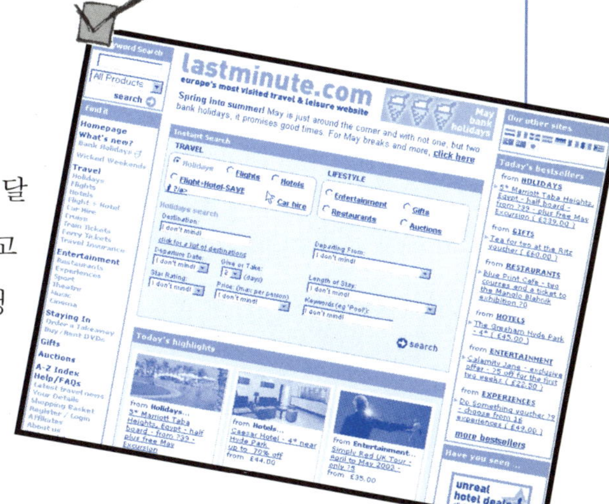

　　27살의 마사는 4천 4백만 달
러라는 개인 자산을 소유하고
있다. 옥스퍼드 대학 동창생
인 브렌트와 공동으로 설립
한 Lastminute.com은 웹
을 통해 실시간으로 여행
에 필요한 각종 서비스, 호텔 그리고 위락시설에 관한
정보를 제공하는 매우 혁신적인 비즈니스 사이트이다. 웹이 아닌 다른
방법으로는 불가능한 서비스를 제공하고 있는 것이다.

　　마사의 성공비결은 여러 가지 다양한 자원에 기인한다. 첫째, 그녀는
인터넷 이용자라는 고객층을 정확하게 겨냥한 서비스를 제공하고 있다.
주요 고객들은 전형적으로 경제적 능력은 있지만 시간적 여유가 없는

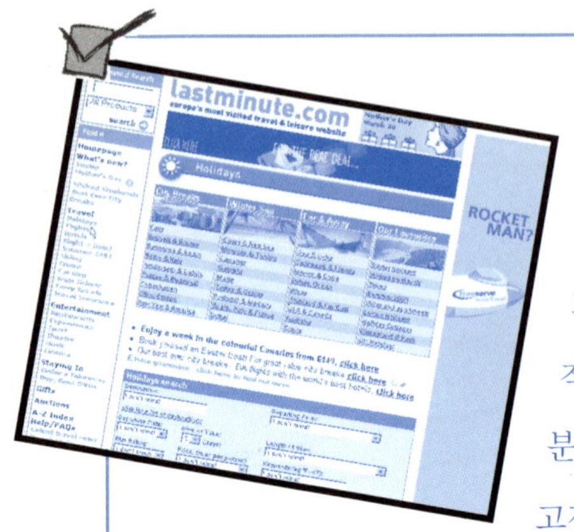

사람들이다. 둘째, 그녀에게는 고객이 여행 준비를 위한 시간여유가 전혀 없는 마지막 순간에 제일 먼저 찾는 사이트가 되어 더할 나위 없는 서비스를 제공하고, 직원들이 일하기 좋은 멋진 회사가 된다는 분명한 목표가 있다. 셋째, 마지막 순간에 고객이 잔여 서비스 상품을 이용할 수 있도록 함으로써 저렴한 여행 프로그램을 제시한다. 결과적으로, 그녀는 회사에 대한 좋은 평판을 얻고 투자자금을 끌어들임으로써 빠르게 성장할 수 있었다.

우리는 마침내 이 책의 결말에 이르렀다. 나는 당신이 자신의 사업을 시작하고자 하는 영감을 얻었기를 바란다. 우리는 웹 비즈니스의 장점과 단점을 살펴보았다. 다양한 사례들을 통해 다양한 가능성들을 볼 수 있었다.

나무를 심을 때, 어디에 구덩이를 파고, 언제 물을 주고, 어떻게 거름을 주며, 언제쯤 과실이 열릴 것인지 알아야 하는 것처럼 새로운 사업을 시작하는 것도 이와 같다.

세상은 빠르게 변화하고 있다. 나는 인터넷이 없는 나의 삶이 어떠했는지 기억조차 할 수 없다. 인터넷은 나의 인생에 새로운 차원을 열어주었기 때문이다.

우리는 현재 세계 곳곳에서 더욱 많은 기회들이 우리를 향해 열려 있는 세상 속에 살고 있으며, 과거 어느 때보다도 지구는 하나로 밀접하게 연결되어 있다. 따라서 이제는 우리가 미래를 위해 심어야 하는 것은 바로 비즈니스와 생활이라고 말하고 싶다.

당신이 애써서 가꾼 나무가 튼튼하게 자라기를 기원한다. 등 뒤에서 바람이 불어 오고, 촉촉하게 비가 내리며 따사로운 햇볕이 내리쬐기를 바란다. 우리가 다시 만날 때까지, 당신이 즐기고, 배우며, 클릭으로 부자가 되기를 진심으로 기원한다.

한정은

경북대학교 영어영문학과를 졸업하고,
한국외국어대학교 통역번역대학원 중국어과 졸업.
국제회의 통역사, 통역번역대학원 BK21사업단 연구부
연구원으로 활동 중이다. 역서로는 〈퍼팅 바이블〉
〈스윙 바이블〉〈중국 상도〉〈이것이 골프 경영이다〉와
한국일보사의 〈월간 골프매거진〉 등이 있다.

클릭! 나도 부자가 될 수 있다

초판 1쇄 인쇄 | 2003년 6월 2일
초판 1쇄 발행 | 2003년 6월 5일

지은이 | 사이몬 안젤로
옮긴이 | 한정은

펴낸이 | 한익수
펴낸곳 | 도서출판 큰나무

기획 | 유연화
편집 | 성효영, 김미진
관리 | 조은정
마케팅 | 한성호, 이영학

등록 | 1993년 11월 30일(제5-396호)
주소 | 120-837 서울시 서대문구 충정로 3가 3-95 2층
전화 | (02) 365-1845 ~6
팩스 | (02) 365-1847

이메일 | btreepub@chol.com
홈페이지 | www.bigtreepub.co.kr

값 9,000 원
ISBN 89-7891-162-5 13320